# Con

# ESSENTIAL SPANISH DICTIONARY

## LARGE PRINT EDITION

MAYAGLOT MEDIA

# ESSENTIAL SPANISH DICTIONARY – LARGE PRINT EDITION

A Mayaglot Media book
ISBN: 9781697461435

Classification:
Education & Reference > Foreign Language Study > Spanish;
Education & Reference > Foreign Language Study > Multi-Language Dictionaries

# INTRODUCTION

The **Essential Spanish Dictionary** is a useful resource for individuals traveling in areas where Spanish is spoken or for anyone who wants to learn this language. Likewise, this bilingual dictionary is also designed to be useful to Spanish speakers seeking to travel, work or study in English-speaking countries.

## SPANISH AROUND THE WORLD

With close to 500 million native speakers, Spanish (sometimes also referred to as Castilian) is the second most-spoken native language in the world (after Mandarain Chinese).

- Spanish is the official language in all of Central America (except Belize—a former British colony), Cuba, Puerto Rico, Equatorial Guinea, the Dominican Republic, and South America (except Brazil, Guyana, French Guiana, Suriname and the Falkland Islands).

- Spanish is a first language for many people in the United States, especially in California, Arizona, New Mexico, Colorado, Texas, Florida (mostly South Florida) and elsewhere in the Southwest. There are around 50 million Spanish speakers (including native and second language speakers) in the U.S.

- Spanish is an official language in the African country of Equatorial Guinea and speakers can also be found in Western Sahara.

- A Spanish-based creole called Chavacano can be heard in Zamboanga and Cavite within the Philippines (a former colony of Spain). Spanish is spoken by some 'Filipinos' as well.

- Spanish is also spoken in northern Morocco and Andorra.

- There are Sephardic Jewish communities that speak an old dialect of Spanish commonly known as Ladino. Ladino is unique due to the fact that it does not incorporate Spanish words that originated from the New World because Sephardic Jews were banished from Spain before Columbus arrived in the Americas. Ladino's relationship with Spanish is similar to that of Yiddish's relationship with German.

## BRIEF LANGUAGE NOTES

Many of the grammatical features of Spanish are shared with the other Romance languages which descended from Latin.

- The noun and adjective systems exhibit two genders and two numbers, in addition articles and some pronouns and determiners have a neuter gender in the singular form.

- There are about fifty conjugated forms per verb, with 3 tenses: past, present, and future; 2 aspects for past: perfective and imperfective; 4 moods: indicative, subjunctive, conditional, and imperative; 3 persons: first, second, and third; 2 numbers: singular, and plural; 3 verboid forms: infinitive, gerund, and past participle.

- The Spanish language uses prepositions (rather than postpositions or inflection of nouns for case), and usually places adjectives after nouns.

- The language is classified as a subject–verb–object language; however, as in most Romance languages, constituent order is highly variable and governed mainly by topicalization and focus rather than by syntax.

- Spanish is a "pro-drop" language—that is, it allows the deletion of subject pronouns when they are pragmatically unneces-sary.

- Spanish can be described as a "verb-framed" language, meaning that the direction of motion is expressed in the verb while the mode of locomotion is expressed adverbially (e.g. subir corriendo or salir volando; the respective English equivalents of these examples—'to run up' and 'to fly out'—show that English is, by contrast, "satellite-framed", with mode of locomotion expressed in the verb and direction in an adverbial modifier).

- Lastly, subject/verb inversion is not required in questions, and thus the recognition of a declarative or an interrogative may depend entirely on intonation.

# THE SPANISH ALPHABET

The Spanish alphabet is composed of 27 letters. It includes one extra letter, the letter 'ñ', which we don't have in English. The majority of the letters in Spanish have their own special names and people use them all the time when spelling out words. Below you'll find all 27 letters of the Spanish alphabet and an example word for each.

| Letter | Spanish Name(s) | Example Word |
|--------|-----------------|--------------|
| A a | a | **armadillo** (*armadillo*) |

| Letter | Spanish Name(s) | Example Word |
|--------|-----------------|--------------|
| B b | **be**<br>or **be larga**<br>or **be alta** | **biblioteca**<br>(*library*) |
| C c | **ce** | **carcajada**<br>(*loud laugh*) |
| D d | **de** | **decidir**<br>(*to decide*) |
| E e | **e** | **elefante**<br>(*elephant*) |
| F f | **efe** | **falsificar**<br>(*to forge*) |
| G g | **ge** | **gigante**<br>(*giant*) |
| H h | **hache** | **hechizo**<br>(*spell*) |
| I i | **i**<br>or **i latina** | **iniciar**<br>(*to begin*) |
| J j | **jota** | **jugar**<br>(*to play*) |

| Letter | Spanish Name(s) | Example Word |
|--------|-----------------|--------------|
| K k | ka | **kaki** (*khaki*) |
| L l | ele | **labial** (*lipstick*) |
| M m | eme | **mamá** (*mom*) |
| N n | ene | **nene** (*baby*) |
| Ñ ñ | eñe | **ñoño** (*weakling*) |
| O o | o | **coco** (*coconut*) |
| P p | pe | **papá** (*dad*) |
| Q q | cu | **quiquiriquí** (*cock-a-doodle-doo*) |
| R r | erre | **ronronear** (*to purr*) |

| Letter | Spanish Name(s) | Example Word |
|--------|-----------------|--------------|
| S s | ese | **sisear** (*to hiss*) |
| T t | te | **tetera** (*teapot*) |
| U u | u | **ulular** (*to hoot*) |
| V v | **uve** or **ve corta** or **ve chica** or **ve baja** | **vivir** (*to live*) |
| W w | **uve doble** or **doble uve** or **doble ve** or **doble u** | **wifi** (*Wi-Fi*) |
| X x | equis | **sexto** (*sixth*) |
| Y y | **ye** or **i griega** | **yoyó** (*yoyo*) |
| Z z | zeta | **zarzamora** (*blackberry*) |

# SPANISH PRONUNCIATION

Spanish spelling has the pleasant characteristic of being very phonetic, with only a few clearly-defined exceptions. This means that if you know how to pronounce the letters of a word, it's relatively easy to sound out the word itself. Besides having a very small number of vowel sounds and a high predictability of exactly what sound is represented by each letter, Spanish has a very clear set of rules about where a stress normally falls, and exceptions are noted with an "acute accent mark" (" ´ ") over the vowel of the stressed syllable. Normally, words that end in a vowel, or in 'n' or 's', have the stress on the next-to-last syllable (e.g., muchacho = "mu-CHA-cho"); all other words without an explicit accent mark are stressed on the final syllable (hospital = "os-pee-TAL"). There are no secondary stresses within words.

## SPANISH VOWELS

The vowels in Spanish are generally short crisp sounds. They are not dragged out like English vowels.

| Vowel | Pronunciation |
|:---:|---|
| a | Like the 'a' in "father" |
| e | Like 'ay' in "pay" or 'ai' in "hail" when stressed; may take on more of a 'e' in "pet" sound when unstressed |

| Vowel | Pronunciation |
|:-----:|:--------------|
| i | like 'ee' in "see" |
| o | like 'o' in "stone" |
| u | like 'u' in "rule" |
| y | like 'ee' in "see" (very rarely used) |

## SPANISH CONSONANTS

Note: This list contains several consonants that were formerly included as separate letters in the Spanish alphabet (and Spanish dictionaries), but that are now generally not includedly separately.

| Letter | Pronunciation |
|:------:|:--------------|
| B b | Like the 'b' in "bed" (but no aspiration) at the beginning of a word and after 'm': boca. A soft vibration sound almost like English 'v' elsewhere. See v below. |

| | |
|---|---|
| **C c** | Follows the same pronunciation pattern as in English. In most cases it is pronounced like 'k' in "kid": calle, doctor. When followed by 'e' or 'i', it is like 's' in "supper" (in the Americas, the Canaries and some parts of the Philippines) or 'th' in "thin" (Spain): cine (THEE-nay) |
| **Ch ch** | Like 'ch' in "touch": muchacho (Note: No longer treated as a separate letter in most renderings of the Spanish alphabet.) |
| **D d** | Like thee 'd' in "dog": de. In some dialects, a 'd' between two vowels is pronounced with a bit of softness, halfway between the normal 'd' and the 'th' in "the": pasado. You're usually fine just using the 'd' sound. |
| **F f** | Like the 'f' in "fine": faro |
| **G g** | When followed by 'e' or 'i', like a throaty 'h' (general = heh-neh-RAHL), otherwise like 'g' in "go" (gato). **gu, gü** When a 'gu' is followed by another vowel it is pronounced like the 'Gw' in Gwen (agua, cigüeña) |

| | |
|---|---|
| **H h** | Silent: hora= OR-ah. Pronounced like a softer 'j' in words of foreign origin. |
| **J j** | Like a throaty 'h' in "ha!": jamón; |
| **K k** | Like 'k' in "kid": kilo. The letter K is only used in foreign words (kárate, kilo, Kiev, etc.). |
| **L l** | Like 'l' in "love": lápiz |
| **Ll ll** | Like th 'y' in "year"; pronounced like a Zh as in 'Zhivago' only in Argentina, Uruguay, and Paraguay: llamar. In at least some parts of Costa Rica and Colombia, pronounced as the English "j" or "g," as in the words "ginger" or "ninja." Also pronounced like 'ly' as in the English word "million" in northern Spain and in the Philippines. (Note: No longer treated as a separate letter in most renderings of the Spanish alphabet.) |
| **M m** | Like the 'm' in "mother": mano |
| **N n** | Like the 'n' in "nice", and like 'n' in "anchor": noche, ancla |
| **Ñ ñ** | Like the 'ny' in "canyon": cañón, piñata |

| | |
|---|---|
| **P p** | Like the 'p' in "pig": perro |
| **Q q** | Like the 'q' in "quiche" (always with a silent "u"): queso, pronounced KAY-so |
| **R r** | Spanish has two 'r' sounds both of which are different from their counterpart in English.<br>**- Single r**: This sound is created by putting the tip of the tongue up against where the front of the roof of the mouth meets the upper teeth, very similar to the action English speakers make to pronounce l or d.<br>**- Rolled r**: Written "r" at the beginning of the word, or "rr" between vowels (cerro). It's a multiply vibrating sound, like a trill. |
| **Rr rr** | This carries the trilled sound of the rolled 'r'. (Note: No longer treated as a separate letter in most renderings of the Spanish alphabet.) |
| **S s** | Like 's' in "son": sopa; in Spain, it is often pronounced like a soft, palatalised "sh" at the end of a word or syllable. |
| **T t** | Like 't' in "top": tapa |

| | |
|---|---|
| **V v** | Like 'b' in "bed" (but no aspiration) at the beginning of a word and after 'm': vaca, pronounced BAH-kah. A soft vibration sound almost like English 'v' elsewhere. To distinguish v from b when spelling, one says "vay chica" or "bay grande" to indicate which; native Spanish speakers may not hear the difference between "vee" and "bee". |
| **W w** | Like 'w' in "weight" in English words, whisky, pronounced "WEESS-kee"). Like 'b' in "bed" in Germanic words. |
| **X x** | Like 'x' in "flexible" (flexible). Like 'ss' in "hiss" at beginning of a word (xilófono). Like a throaty 'h' in the words México, mexicano, Oaxaca, and oaxaqueño. |
| **Y y** | Like 'y' in "yes": payaso. Like 'y' in "boy": hoy. Pronounced like a Zh ONLY in Argentina, Uruguay, and Paraguay as in 'Zhivago', : yo no sé, pronounced "zhaw naw seh". |
| **Z z** | Like 's' in "supper" (Latin America), like 'th' in "thin" (Spain): zorro. See c above. |

# SPANISH DIPTHONGS

The Spanish language exhibits a variety of dipthongs. A diphthong, literally "double sound" or "double tone" (from Greek), also known as a gliding vowel, is a combination of two adjacent vowel sounds within the same syllable.

| Dipthong | Pronunciation |
|----------|---------------|
| **ai, ay** | like 'eye': baile (BAI-lay) |
| **au** | like 'ow' in "cow": causa (KOW-sah) |
| **ei, ey** | like 'ay' in "say": reina, rey. (RAY-nah) |
| **eu** | like 'eh-oo': euro ("eh-OO-roh") |
| **ia** | like 'ee-ah': piano (pee-AH-noh) |
| **ie** | like 'ee-eh': pie (PEE-eh) |
| **io** | like 'ee-aw': dio (DEE-aw) |
| **iu** | like 'ew' in "few": ciudad (syoo-DAHD) |
| **oi, oy** | like 'oy' in "boy": soy (soy) |

| Dipthong | Pronunciation |
|----------|---------------|
| **ua** | like 'wa' in "wash": cuatro (KWAH-traw) |
| **ue** | like 'we' in "well": puedo (PWAY-daw) |
| **ui, uy** | like 'ooey' in "phooey": ruido (ROOEE-doh) |
| **ou** | like "wo" in "won't": averiguo (ah-beh-REE-gwaw) |

## ACCENTS AND STRESS

Word stress can affect the meaning of the word and generally follows these rules:

- If a word is marked with an accent, then that syllable receives the stress.
- If the accent marks a diphthong a syllable break occurs between the two vowels of the diphthong.
- If a word is NOT marked with an accent, then...
  - ...if the word ends in a consonant other than N or S, the stress occurs on the last syllable.
  - ...if the word ends in a vowel, N or S, the stress occurs on the next to last syllable.
- In Spain (Except in some parts of Andalusia, and in the Canary Islands) a English ci/ce or z sound

makes a English "TH". In Latin America, it makes the "S" sound.

**Examples:** (1st pronunciation: Spain; 2nd pronunciation: Latin America; when there is only one, it's universal)

- círculo (THEER-koo-loh/SEER-koo-loh) → circle
- circulo (theer-KOO-loh/seer-KOO-loh) → I circulate
- circuló (theer-koo-LOH/seer-koo-LOH) → he/she/it circulated
- estás (ehs-TAHS) → you are
- estas (EHS-tahs) → these
- origen (oh-REE-hehn) → origin
- orígenes (oh-REE-hehn-ehs) → origins
- ciudad (thee-yoo-DAHD/see-yoo-DAHD) → city
- ciudades (thee-you-DAH-dehs/see-yoo-DAH-dehs) → cities


An accent mark can also be used to differentiate between words that are pronounced the same but have different meanings:

- él (he) el (the)
- té (tea) te (you) (ex: I can't see you)
- tú (you) (ex: you want to go there) tu (your)
- mí (me) mi(my)
- dé (I give or he/she/it give; but in present of subjunctive) de (of)
- sí (yes) si (if)

- se (a reflexive pronoun) sé (I know or 'be' imperative of the verb "to be", spoken to the second person of singular)
- más (more/plus) mas (but)

# Spanish ~ English

# A - a

**a causa de** PHRASE.
  because of.
**a continuación** PHRASE.
  next.
**a dedo** PHRASE.
  hitchhiking.
**a escala mundial**
  PHRASE. worldwide.
**a escote** PHRASE. to
  divide up the bill.
**a finales** PHRASE. at the
  end (of).
**a la española** ADJECTIVE.
  Spanish style.
**a lo lejos** PHRASE. from
  far away.
**a lo mejor** ADVERB.
  perhaps.
**a mediados** PHRASE. in
  the middle.
**a menudo** ADVERB. often.
**a pie** ADJECTIVE. walking.
**a principios** PHRASE. in
  the beginning.
**a través de** PREPOSITION.
  via, through.
**a veces** ADVERB.
  sometimes.

**a ver** EXCLAMATION. let me
  see, let's see, let's go.
**a ver** EXCLAMATION. let's
  see.
**abajo** PREPOSITION.
  downstairs, down.
**abandonar** VERB.
  abandon.
**abdomen** NOUN (m).
  abdomen.
**abdominales** NOUN (m).
  abdominal muscles.
**abierto** ADJECTIVE. open.
**abogado** NOUN (m).
  lawyer.
**abonado** NOUN (m).
  member.
**abono** NOUN (m). voucher,
  season ticket.
**abrazar** VERB. to hug.
**abrazo** NOUN (m). embrace,
  hug.
**abrigo** NOUN (m). coat.
**abril** NOUN (m). April.
**abrir** VERB. to open.
**abrir de par en par**
  VERB PHRASE. to open wide.

**absentismo**  NOUN (m).
absenteeism.
**abstemio**  ADJECTIVE.
abstemious.
**abstenerse**  R. VERB. to
refrain from.
**absurdo**  ADJECTIVE.
absurd.
**abuela**  NOUN (f).
grandmother.
**abuelo**  NOUN (m).
grandfather.
**abuelos**  NOUN (m).
grandparents.
**abundante**  ADJECTIVE.
abundant.
**aburrido**  ADJECTIVE.
boring.
**aburrimiento**  NOUN (m).
boredom.
**aburrirse**  R. VERB. to be
bored.
**abuso**  NOUN (m). abuse.
**acabado**  ADJECTIVE.
finished.
**acabar de + inf.**  VERB
PHRASE. just + have + past
participle.
**acabar + de**  VERB
PHRASE. to have just + verb.
**academia**  NOUN (f).
academy.
**académico**  ADJECTIVE.
academic.

**acampada**  NOUN (f).
camping.
**acceder**  VERB. to get into.
**accidente**  NOUN (m).
accident.
**acción**  NOUN (f). action.
**aceite**  NOUN (m). oil.
**aceituna**  NOUN (f). olive.
**acelerar**  VERB. to
accelerate.
**acento**  NOUN (m). accent.
**acepción**  NOUN (f).
meaning, sense.
**aceptación**  NOUN (f).
acceptance.
**aceptar**  VERB. to accept.
**acera**  NOUN (f). pavement.
**acercar**  VERB. to come
closer.
**acertar**  VERB. to get
(something) right.
**achís**  EXCLAMATION. achoo.
[refers to sneezing]
**aciago**  ADJECTIVE. fateful,
doomed.
**aclaración**  NOUN (f).
explanation.
**aclarar**  VERB. to clear up.
**acogedor**  ADJECTIVE.
cozy.
**acogerse**  R. VERB. to take
refuge.
**acogida**  NOUN (f).
reception.

**acompañar** VERB. to join
someone.
**acomplejado** ADJECTIVE.
complexed
(pyschologically).
**acondicionado**
ADJECTIVE. equipped.
**aconsejar** VERB. to
advise.
**acontecimiento** NOUN
(m). event.
**acordarse** R. VERB. to
remember.
**acortar** VERB. to cut short.
**acostar** VERB. to put to
bed.
**acostarse** R. VERB. to go
to bed.
**activamente** ADVERB.
actively.
**actividad** NOUN (f). activity.
**acto** NOUN (m). act.
**actor** NOUN (m). actor.
**actuar** VERB. to act.
**acudir** VERB. to go to.
**acuerdo** NOUN (m).
agreement.
**adaptación** NOUN (f).
adaptation.
**adecuado** ADJECTIVE.
adequate.
**adelante** EXCLAMATION.
come in, go ahead.
**además** ADVERB. besides,
apart from that.

**adicto** NOUN (m). addict.
**adiós** EXCLAMATION.
goodbye, farewell.
**adiós** EXCLAMATION. good-
bye.
**adivinanza** NOUN (f).
guess, riddle.
**adivinar** VERB. to guess.
**adjetivo** NOUN (m).
adjective.
**administrativo** NOUN (m).
administrative assistant.
**admirar** VERB. to admire.
**adolescente** NOUN (m)(f).
adolescent.
**adoptado** ADJECTIVE.
adopted.
**adorar** VERB. to adore.
**adorno** NOUN (m).
decoration.
**adosado** NOUN (m).
detached (house).
**adquirir** VERB. to acquire.
**aduana** NOUN (f). customs,
border.
**adulterio** NOUN (m).
adultery.
**adulto** NOUN (m). adult.
**adverbio** NOUN (m).
adverb.
**advertencia** NOUN (f).
warning.
**advertir** VERB. to warn.
**aeropuerto** NOUN (m).
airport.

5

**afectar**  VERB. to affect.

**afeitarse**  R. VERB. to shave.

**afianzamiento**  NOUN (m). consolidation.

**afianzarse**  R. VERB. to establish oneself.

**aficionado**  NOUN (m). fan.

**afición**  NOUN (f). hobby.

**afiliado**  NOUN (m). affiliate, member.

**afincado**  ADJECTIVE. to be based in/at.

**afirmación**  NOUN (f). affirmation.

**afirmar**  VERB. affirm.

**africano**  ADJECTIVE. African.

**afueras**  NOUN (f). surroundings.

**AG**  ABBREV. Aguascalientes. [Mexican state]

**agarrado**  ADJECTIVE. stingy, tight-fisted.

**agarrados del brazo**  PHRASE. arm in arm.

**agarrar**  VERB. to grasp.

**agencia**  NOUN (f). agency.

**agencia de viajes**  NOUN (f). travel agency.

**agenda**  NOUN (f). address book, diary.

**agenda apretada**  NOUN (f). tight schedule.

**agitar**  VERB. to mix, shake.

**agobio**  NOUN (m). stress.

**agosto**  NOUN (m). August.

**agotado**  ADJECTIVE. exhausted.

**agradable**  ADJECTIVE. enjoyable.

**agradecer**  VERB. to thank.

**agradecimiento**  NOUN (m). thanks.

**agresión**  NOUN (f). attack.

**agrupar**  VERB. to put in groups.

**agua**  NOUN (f). water.

**aguafiestas**  NOUN (m). party-pooper.

**aguas**  EXCLAMATION. be careful, pay attention.

**agujero**  NOUN (m). hole.

**ah**  EXCLAMATION. ah. [expression of relief, realization, awe]

**ahora**  ADVERB. now.

**ahorcar**  VERB. to hang.

**ahorrar**  VERB. to save.

**ahorro**  NOUN (m). saving.

**aire acondicionado**  NOUN (m). air conditioning.

**ajá**  EXCLAMATION. aha. [moment of epiphany]

**ajedrez**  NOUN (m). chess.

**ajeno**  ADJECTIVE. detached, beyond one's control.

**ajo**  NOUN (m). garlic.

**AL**  ABBREV. América Latina.

**al aire libre**  ADJECTIVE. open air, outside.

**al cabo de**  ADVERB. after.

**al contado**  ADJECTIVE. in cash.

**al lado de**  PREPOSITION. beside.

**al parecer**  ADVERB. apparently.

**al poco tiempo**  ADVERB. soon after.

**al principio**  ADVERB. in the beginning.

**al revés**  ADVERB. on the contrary, back to front.

**alá**  EXCLAMATION. come on, let's go, hey, wow.

**albergue**  NOUN (m). hostel.

**albergue juvenil**  NOUN (m). youth hostel.

**alcachofa**  NOUN (f). artichoke.

**alcalde**  NOUN (m). mayor.

**alcance**  NOUN (m). reach.

**alcanzar**  VERB. to reach.

**alcohol**  NOUN (m). alcohol.

**aldea**  NOUN (f). township, small village.

**alegre**  ADJECTIVE. happy.

**alegría**  NOUN (f). happiness.

**alejarse**  R. VERB. to move away.

**aleluya**  EXCLAMATION. hallelujah.

**Alemania**  PROPER NOUN. Germany.

**alemán**  NOUN (m). German.

**alergia**  NOUN (f). allergy.

**alfabeto**  NOUN (m). alphabet.

**alfombra**  NOUN (f). carpet.

**algo**  PRONOUN. something.

**algodón**  NOUN (m). cotton.

**alguien**  PRONOUN. someone.

**alguna vez**  ADVERB. ever.

**algunas veces**  ADVERB. sometimes.

**alimento**  NOUN (m). food.

**alinear**  VERB. align.

**aliviar**  VERB. to relieve.

**alma**  NOUN (f). soul.

**almacén**  NOUN (m). store, warehouse.

**almendro**  NOUN (m). almond tree.

**almohada**  NOUN (f). pillow.

**almorzar**  VERB. to have lunch.

**almuerzo**  NOUN (m). snack, lunch.

**alojamiento**  NOUN (m). accommodation, lodging.

**alojarse**  R. VERB. to stay.

**aló**  EXCLAMATION. hello. [commonly used when answering the telephone]

**alquilar**  VERB. to rent.

**alrededor de**
  PREPOSITION. about,
  around.

**altar**  NOUN (m). altar.

**altavoz**  NOUN (m). speaker.

**alto**  EXCLAMATION. stop.

**alto**  ADJECTIVE. high.

**altura**  NOUN (f). height.

**alubia**  NOUN (f). kidney
  bean.

**alucinación**  NOUN (f).
  hallucination.

**alucinante**  ADJECTIVE.
  amazing.

**alucinar**  VERB. to
  hallucinate.

**aludir**  VERB. to allude to.

**alumbrar**  VERB. to
  enlighten.

**alumno**  NOUN (m). pupil.

**ama**  NOUN (f). landlady.

**ama de casa**  NOUN (f).
  housewife.

**amabilidad**  NOUN (f).
  kindness.

**amable**  ADJECTIVE.
  friendly.

**amanecer**  NOUN (m).
  dawn.

**amante**  NOUN (m)(f). lover.

**amar**  VERB. to love.

**amarillo**  ADJECTIVE.
  yellow.

**ambiente**  NOUN (m).
  ambience, atmosphere.

**amenazar**  VERB. to
  threaten.

**amén**  EXCLAMATION. amen.

**América**  PROPER NOUN.
  America.

**amigo**  NOUN (m). friend.

**amistad**  NOUN (f).
  friendship.

**amor**  NOUN (m). love.

**amoroso**  ADJECTIVE.
  loving.

**ampliar**  VERB. to amplify.

**amplio**  ADJECTIVE. roomy,
  spacious.

**amplitud**  NOUN (f). extent,
  space.

**anacronismo**  NOUN (m).
  anachronism.

**análisis**  NOUN (m).
  analysis.

**ancho**  ADJECTIVE. wide.

**anciano**  NOUN (m). old
  man.

**anda**  EXCLAMATION. come
  on.

**Andalucía**  PROPER NOUN.
  Andalusia.

**andaluz**  ADJECTIVE. from
  Andalusia.

**andando**  ADJECTIVE. on
  foot.

**andante**  ADJECTIVE.
  walking.

8

**andar**   VERB. to walk.
**andén**   NOUN (m). platform.
**anestesista**   NOUN (m)(f).
anesthetist.
**anécdota**   NOUN (f).
anecdote.
**anfitrión**   NOUN (f). host.
**angustia**   NOUN (f). anxiety,
anguish.
**angustioso**   ADJECTIVE.
worrying, agonizing,
distressing, anguished.
**anhelo**   NOUN (m). longing,
yearning.
**anillo**   NOUN (m). ring.
**animado**   ADJECTIVE.
animated.
**animadora**   NOUN (f).
animation team,
cheerleader.
**animal**   NOUN (m). animal.
**animar**   VERB. to
encourage, cheer up.
**anoche**   ADVERB. last night.
**anonimato**   NOUN (m).
anonymity.
**anotar**   VERB. write down.
**ansia**   NOUN (f). worry,
anxiety.
**ansiolítica**   NOUN (f).
anxiolytic drug.
**anteanoche**   ADVERB. the
night before last.
**anteayer**   ADVERB. the day
before yesterday.

**antecedente**   NOUN (m).
police record.
**antelación**   NOUN (f). with
advance notice.
**antepasados**   NOUN (m).
predecessors.
**anterior**   ADJECTIVE.
earlier, previous.
**antes**   ADVERB. before.
**antibiótico**   NOUN (m).
antibiotic.
**anticuado**   ADJECTIVE.
antiquated.
**antiguo**   ADJECTIVE. old,
former.
**antigüedad**   NOUN (f).
antiquity.
**antipático**   ADJECTIVE.
unfriendly.
**antónimo**   NOUN (m).
antonym.
**anunciar**   VERB. to
announce.
**anuncio**   NOUN (m).
advertisement.
**anuncio de publicidad**
NOUN (m). spot,
advertisement.
**anverso**   NOUN (m). front,
obverse.
**añadir**   VERB. to add.
**año**   NOUN (m). year.
**Año Nuevo**   PROPER
NOUN. New Year.
**apagar**   VERB. to switch off.

**aparcamiento** NOUN (m).
parking lot.
**aparcar** VERB. to park.
**aparecer** VERB. to appear.
**aparición** NOUN (f).
appearance.
**apariencia** NOUN (f).
appearance.
**apartado** NOUN (m).
section.
**apartamento** NOUN (m).
apartment.
**apasionado** ADJECTIVE.
passionate.
**apático** ADJECTIVE.
apathetic.
**apegar** VERB. to get
attached to.
**apellido** NOUN (m).
surname, last name, family
name.
**apenas** ADVERB. hardly,
scarcely.
**aperitivo** NOUN (m).
aperitif.
**apertura** NOUN (f).
opening.
**apetecer** VERB. to feel like
it.
**aplauso** NOUN (m).
applause.
**aplazar** VERB. to delay,
put off.
**aportación** NOUN (f).
contribution.

**aportar** VERB. to
contribute.
**apostar** VERB. to bet.
**apoyo** NOUN (m). support.
**apócope** NOUN (m).
apocope, apocopation.
**aprender** VERB. to learn.
**aprendizaje** NOUN (m).
learning.
**apretar** VERB. to tighten,
hug.
**aprisa** ADVERB. quickly.
**aprobación** NOUN (f).
approval.
**aprobar** VERB. to approve.
**aprovechar** VERB. to take
advantage of.
**apto** ABBREV. apartment.
[apartamento]
**apuesta** NOUN (f). bet.
**apuntar** VERB. to aim at.
**apuntarse** R. VERB. to
sign up for.
**apuntes** NOUN (m). notes.
**apuñalar** VERB. to stab.
**aquel** ADJECTIVE. that.
**aquí** ADVERB. here.
**archivar** VERB. to file.
**archivo** NOUN (m). file.
**arder** VERB. to burn.
**Argel** PROPER NOUN.
Algiers.
**Argentina** PROPER NOUN.
Argentina.

**argumentar** VERB. to
argue.
**argumento** NOUN (m).
argument.
**arma** NOUN (f). weapon.
**armado** ADJECTIVE. armed.
**armadura** NOUN (f).
armour.
**armario** NOUN (m).
wardrobe.
**armonioso** ADJECTIVE.
harmonious.
**arquitecto** NOUN (m).
architect.
**arquitectura** NOUN (f).
architecture.
**arraigarse** R. VERB. to
take root, establish.
**arrancar** VERB. to start.
**arre** EXCLAMATION. giddy
up.
**arrea** EXCLAMATION. get
moving.
**arreglar** VERB. to repair.
**arrepentirse** R. VERB. to
regret something.
**arriba** EXCLAMATION.
hurray.
**arriba** ADVERB. up(stairs).
**arroba** NOUN (f). at.
**arrojarse** R. VERB. to
throw oneself, hurl oneself,
fling oneself.
**arrollar** VERB. to roll over,
run over.

**arroz** NOUN (m). rice.
**arruga** NOUN (f). wrinkle.
**arte** NOUN (m)(f). art.
**artesanía** NOUN (f). crafts.
**artesano** NOUN (m).
artisan.
**artículo determinado**
NOUN (m). definite article.
**artículo
indeterminado** NOUN
(m). indefinite article.
**artritis** NOUN (f). arthritis.
**as** NOUN (m). ace.
**asado** ADJECTIVE. roasted.
**asaltar** VERB. to rob.
**ascender** VERB. to rise.
**ascensor** NOUN (m). lift.
**asegurar** VERB. to insure,
to assure, to ensure.
**asegurarse** R. VERB. to
make sure.
**asentimiento** NOUN (m).
assent, approval, consent.
**asesinar** VERB. to murder.
**asesino** NOUN (m).
murderer, killer.
**asesorar** VERB. to advise.
**Asia** PROPER NOUN. Asia.
**asiático** NOUN (m). Asian.
**asiento** NOUN (m). seat.
**asignatura** NOUN (f).
subject.
**asimismo** ADVERB. thus,
so.

**asistencia** NOUN (f). assistance.

**asistir** VERB. to attend.

**así** ADVERB. like this.

**así que** PHRASE. so.

**asociar** VERB. to associate.

**aspecto** NOUN (m). aspect.

**aspecto físico** NOUN (m). physical trait.

**aspiradora** NOUN (f). vacuum cleaner.

**aspirina** NOUN (f). aspirin.

**asqueroso** ADJECTIVE. disgusting, revolting, gross.

**astilla** NOUN (f). splinter, chip.

**astronauta** NOUN (m). astronaut.

**asturiano** ADJECTIVE. from Asturias.

**asumir** VERB. to assume, take on.

**asustar** VERB. to frighten.

**atacar** VERB. to attack.

**atardecer** NOUN (m). evening, dusk.

**atascarse** R. VERB. to get blocked.

**atasco** NOUN (m). traffic jam.

**atención** NOUN (f). attention.

**atención al usuario** PHRASE. customer care.

**atender** VERB. to attend to, look after.

**atentado terrorista** NOUN (m). terrorist attack.

**atentamente** ADVERB. sincerely.

**atento** ADJECTIVE. polite, attentive.

**aterrizar** VERB. to land.

**atmosférico** ADJECTIVE. atmospheric.

**atmósfera** NOUN (f). atmosphere.

**atraco** NOUN (m). armed robbery.

**atractivo** ADJECTIVE. attractive.

**atraer** VERB. to attract.

**atrapado** ADJECTIVE. caught.

**atravesar** VERB. to cross, to go across.

**atreverse** R. VERB. to dare.

**atributo** NOUN (m). attribute, quality.

**Atte.** ABBREV. atentamente. [commonly used as part of the signature in letters and e-mails]

**atún** NOUN (m). tuna.

**audición** NOUN (f). listening comprehension.

**audiencia** NOUN (f). audience.

**augurio** NOUN (m). omen, augury.
**aula** NOUN (f). classroom.
**aumento** NOUN (m). rise.
**aunque** CONJUNCTION. although.
**auricular** NOUN (m). earpiece, headphone.
**ausencia** NOUN (f). absence.
**Australia** PROPER NOUN. Australia.
**autobiografía** NOUN (f). autobiography.
**autobús** NOUN (m). bus.
**autocar** NOUN (m). bus, coach.
**autoestima** NOUN (f). self-esteem.
**autoestop** NOUN (m). hitch-hiking.
**autoevaluación** NOUN (f). self-evaluation.
**automóvil** NOUN (m). car.
**autor** NOUN (m). author.
**autógrafo** NOUN (m). autograph.
**aún** ADVERB. yet.
**aún no** ADVERB. not yet.
**aúpa** EXCLAMATION. up, get up.
**avance** NOUN (m). advance.
**avanzar** VERB. to advance.

**avaro** ADJECTIVE. mean, miserly.
**ave** NOUN (f). bird.
**avenida** NOUN (f). avenue.
**aventura** NOUN (f). adventure.
**aventurero** NOUN (m). adventurer.
**averiguar** VERB. to guess, find out.
**avinagrarse** R. VERB. to turn sour, embitter.
**avión** NOUN (m). airplane.
**avisar** VERB. to warn, to inform.
**ay** EXCLAMATION. ay. [expresses pain or sorrow]
**ayer** ADVERB. yesterday.
**ayuda** NOUN (f). help.
**ayudar** VERB. to help.
**ayuntamiento** NOUN (m). town hall.
**ay, caramba** EXCLAMATION. oh my gosh.
**azafata** NOUN (f). flight attendant.
**azotar** VERB. whip, flog.
**azteca** ADJECTIVE. Aztec.
**azul** ADJECTIVE. blue.
**azúcar** NOUN (m). sugar.
**azúcar de caña** NOUN (m). sugar cane.
**a. de J.C.** ABBREV. BC (Before Christ).
**a. m.** ABBREV. a.m.

# B - b

**bacalao** NOUN (m). cod.
**bachillerato** NOUN (m). high school, high school diploma.
**bah** EXCLAMATION. indicates disdain or unbelief.
**bailar** VERB. to dance.
**bailarín** NOUN (m). dancer.
**baile** NOUN (m). dance.
**bajar** VERB. to get off (a bus, etc.), to go down, to descend.
**bajo cero** PHRASE. below zero.
**balcón** NOUN (m). balcony.
**ballet** NOUN (m). ballet.
**balneario** NOUN (m). spa.
**baloncesto** NOUN (m). basketball.
**balón** NOUN (m). ball.
**banco** NOUN (m). bank.
**bañarse** R. VERB. to go for a swim, to bathe.
**bañera** NOUN (f). bath (tub).
**bañista** NOUN (m). bather.
**baño de sol** NOUN (m). sunbath.
**bar** NOUN (m). bar.
**baraja** NOUN (f). deck (of cards).

**barato** ADJECTIVE. cheap.
**barba** NOUN (f). beard.
**barbaridad** EXCLAMATION. incredible, unbelievable.
**barbilla** NOUN (f). chin.
**barco** NOUN (m). boat.
**barco de vapor** NOUN (m). steam boat.
**barquillo** NOUN (m). wafer, cornet.
**barrer** VERB. to sweep.
**barriga** NOUN (f). belly.
**barrio** NOUN (m). neighborhood, quarter, suburb.
**basarse** R. VERB. to be based on.
**basta** EXCLAMATION. enough.
**bastante** ADJECTIVE. enough, quite a bit.
**bastar** VERB. to be enough.
**basto** ADJECTIVE. coarse.
**bastón** NOUN (m). stick.
**basura** NOUN (f). rubbish, garbage.
**batalla** NOUN (f). battle.
**batería** NOUN (f). battery.
**batidora** NOUN (f). mixer, blender, liquidizer.

**bautizar** VERB. to baptize, christen.
**básico** ADJECTIVE. basic.
**BCN** ABBREV. Barcelona.
**BCN** ABBREV. Baja California Norte. [Mexican state]
**beber** VERB. to drink.
**bebida** NOUN (f). drink.
**beicon** NOUN (m). bacon.
**Belladurmiente** PROPER NOUN. Sleeping Beauty.
**Bellas Artes** PROPER NOUN. Fine Arts.
**belleza** NOUN (f). beauty.
**bendecir** VERB. to bless.
**beneficiar** VERB. to benefit from.
**besar** VERB. to kiss.
**beso** NOUN (m). kiss.
**Bélgica** NOUN (f). Belgium.
**bélico** ADJECTIVE. warlike.
**biblia** NOUN (f). bible.
**biblioteca** NOUN (f). library.
**bicicleta** NOUN (f). bicycle.
**BID** ABBREV. Inter-American Development Bank. [Banco Interamericano de Desarrollo]
**bien** ADVERB. well, good.
**bienvenida** EXCLAMATION. welcome (to a female).
**bienvenido** EXCLAMATION. welcome (to a male).

**bigote** NOUN (m). moustache.
**bikini** NOUN (m). bikini.
**bilingüe** ADJECTIVE. bilingual.
**billar** NOUN (m). billiards, pool.
**billete** NOUN (m). ticket.
**biografía** NOUN (f). biography.
**biombo** NOUN (m). folding screen.
**biosfera** NOUN (f). biosphere.
**bisagra** NOUN (f). hinge.
**bisnieto** NOUN (m). great-grandson.
**Blancanieves** PROPER NOUN. Snow White.
**blanco** ADJECTIVE. white.
**blando** ADJECTIVE. soft.
**blusa** NOUN (f). blouse.
**BM** ABBREV. World Bank. [Banco Mundial]
**bobo** ADJECTIVE. silly, dumb, naïve, stupid.
**boca** NOUN (f). mouth.
**boca del metro** NOUN (f). metro entrance.
**bocacalle** NOUN (f). side street.
**bocadillo** NOUN (m). sandwich.
**boda** NOUN (f). wedding.
**boina** NOUN (f). beret.

**boletín** NOUN (m). bulletin.

**Bolivia** PROPER NOUN. Bolivia.

**bolígrafo** NOUN (m). pen.

**bollo** NOUN (m). roll (bread), bun (bread).

**bolsa** NOUN (f). bag.

**bolsa de aseo** NOUN (f). toiletry bag.

**bolsillo** NOUN (m). pocket.

**bolso** NOUN (m). handbag.

**bombero** NOUN (m). fireman.

**bombón** NOUN (m). sweet, candy.

**bonito** ADJECTIVE. pretty, nice.

**bono** NOUN (m). voucher, bond, bonus.

**borrador** NOUN (m). rubber, eraser.

**borrar** VERB. erase.

**bosque** NOUN (m). forest.

**bota** NOUN (f). boots.

**botella** NOUN (f). bottle.

**botijo** NOUN (m). earthenware jar.

**botiquín** NOUN (m). first-aid kit.

**botón** NOUN (m). button.

**bpd** ABBREV. barrels per day. [barriles por día]

**brasa** NOUN (f). ember, hot coal, coal oven.

**Brasil** PROPER NOUN. Brazil.

**bravo** EXCLAMATION. well done, good show. [in general use]

**brazo** NOUN (m). arm.

**breve** ADJECTIVE. short.

**bricolaje** NOUN (m). do-it-yourself.

**brillar** VERB. to shine.

**brindar** VERB. to raise one's glass, to toast.

**brocha** NOUN (f). brush.

**broma** NOUN (f). joke.

**bronceado** ADJECTIVE. browned, tanned, bronzed.

**broncearse** R. VERB. to get a suntan, to tan oneself.

**bronquitis** NOUN (f). bronchitis.

**brote** NOUN (m). outbreak, shoot (plant).

**bruja** NOUN (f). witch.

**brusco** ADJECTIVE. rude, rough.

**brújula** NOUN (f). compass.

**BS** ABBREV. Baja California Sur. [Mexican state]

**Bs.As.** ABBREV. Buenos Aires.

**buen apetito** EXCLAMATION. enjoy your meal, bon appetit.

**buen provecho**
EXCLAMATION. enjoy your meal, bon appetit.

**buen provecho**
EXCLAMATION. have a nice meal.

**buenas noches**
EXCLAMATION. good night.

**buenas noches**
EXCLAMATION. good evening.

**buenas tardes**
EXCLAMATION. good evening, good afternoon.

**buenas tardes**
EXCLAMATION. good afternoon, evening.

**bueno**   EXCLAMATION. expression used when answering the phone. [interrogatively, Mexico]

**bueno**   ADJECTIVE. good.

**buenos días**
EXCLAMATION. good day, good morning.

**buenos días**
EXCLAMATION. good morning.

**bueno...**   EXCLAMATION. well... [used at the start of a phrase]

**buf**   EXCLAMATION. expresses unpleasantness.

**bufanda**   NOUN (f). scarf.

**bullicioso**   ADJECTIVE. loud.

**bulto**   NOUN (m). bag, package, bundle, bulge, lump.

**buque**   NOUN (m). ship, vessel.

**Burdeos**   PROPER NOUN. Bordeaux.

**burro**   NOUN (m). donkey, burro.

**buscar**   VERB. to search.

**butaca**   NOUN (f). armchair, easy chair, seat (e.g. cinema).

**buzón**   NOUN (m). mailbox, post-box.

# C - c

**ca**   EXCLAMATION. oh no. [ - Spain]

**CA**   ABBREV. AC, alternating current. [corriente alterna]

**cabalgata**   NOUN (f). cavalcade, procession.

**caballería**   NOUN (f). cavalry.

**caballero** NOUN (m). Sir, gentleman.

**caballete** NOUN (m). table bracket, stool.

**caballo** NOUN (m). horse.

**caber** VERB. to fit.

**cabeza** NOUN (f). head.

**cabina** NOUN (f). phonebooth.

**cable** NOUN (m). cable.

**cacharros** NOUN (m). crockery, junk.

**cachas** ADJECTIVE. strong, muscled.

**cada** ADJECTIVE. every.

**cadena** NOUN (f). chain.

**cadera** NOUN (f). hips.

**caer** VERB. to fall.

**caer simpático** VERB. to be liked.

**cafetera** NOUN (f). coffee machine, coffee pot.

**café** NOUN (m). coffee, café.

**café con leche** NOUN (m). white coffee.

**café solo** NOUN (m). espresso.

**cagada** NOUN (f). bad mistake (literally excrement).

**caída** NOUN (f). fall.

**caída del muro** NOUN (f). fall of the (Berlin) wall.

**caja** NOUN (f). box.

**cajera** NOUN (f). check out girl, cashier.

**cajero automático** NOUN (m). ATM, cash-point.

**cajonera** NOUN (f). chest of drawers.

**cajón** NOUN (m). drawer.

**calabacín** NOUN (m). zucchini, courgette.

**calabaza** NOUN (f). pumpkin, gourd, squash.

**calamar** NOUN (m). calamari, squid.

**calcetín** NOUN (m). sock.

**calcular** VERB. to calculate.

**calefacción** NOUN (f). heating.

**calendario** NOUN (m). calendar.

**calidad** NOUN (f). quality.

**caliente** ADJECTIVE. hot.

**calificar** VERB. to rate, qualify.

**California** PROPER NOUN. California.

**caligrafía** NOUN (f). calligraphy.

**callado** ADJECTIVE. quiet, silent.

**callarse** R. VERB. to shut up, stop talking.

**calle** NOUN (f). street.

**calma** NOUN (f). calm.

**calmante** NOUN (m).
sedative, painkiller,
tranquilizer.

**calor** NOUN (m). heat.

**caluroso** ADJECTIVE. hot.

**calvo** ADJECTIVE. bald.

**calzado** NOUN (m).
footwear.

**calzoncillos** NOUN (m).
underwear.

**cama** NOUN (f). bed.

**camarero** NOUN (m).
waiter.

**cambiar** VERB. to change.

**cambiar de aires** VERB.
to have a change (of
scene).

**cambiarse** R. VERB. to
get changed, to change.

**cambio** NOUN (m). change.

**camilla** NOUN (f). stretcher,
gurney.

**camino** NOUN (m). road,
track, path, route, way.

**Camino de Santiago**
PROPER NOUN. Way of St.
James.

**camión** NOUN (m). truck,
lorry.

**camisa** NOUN (f). shirt.

**camiseta** NOUN (f). t-shirt,
undershirt.

**camisón** NOUN (m).
nightdress, night-shirt.

**campeonato** NOUN (m).
championship.

**campesino** NOUN (m).
peasant, farmer.

**camping** NOUN (m). camp
ground.

**campo** NOUN (m). field
(sports).

**Canadá** PROPER NOUN.
Canada.

**canal** NOUN (m). channel,
canal.

**canapé** NOUN (m). canapé.

**canción** NOUN (f). song.

**candidato** NOUN (m).
candidate.

**candil** NOUN (m). candle.

**canguro** NOUN (m)(f).
kangaroo, babysitter.

**caniche** NOUN (m). poodle.

**canoso** ADJECTIVE. (to
have) grey hair.

**cansado** ADJECTIVE. tiring,
tired.

**cantar** VERB. to sing.

**cantautor** NOUN (m).
singer-songwriter.

**cantidad** NOUN (f).
amount.

**canto** NOUN (m). song,
singing.

**caña** NOUN (f). draft beer
(small).

**capa** NOUN (f). layer.

**capacidad** NOUN (f).
capacity.

**capaz** ADJECTIVE. capable.

**Caperucita Roja**
PROPER NOUN. Little Red
Riding Hood.

**capilla** NOUN (f). chapel,
church.

**capital** NOUN (f). capital.

**capricho** NOUN (m).
craving, treat.

**caprichoso** ADJECTIVE.
capricious, spoiled.

**captar la atención**
VERB PHRASE. to grab
someone's attention.

**captura** NOUN (f). capture.

**cara** NOUN (f). face.

**cara (moneda)** NOUN (f).
heads (coin).

**caracol** NOUN (m). snail.

**características** NOUN (f).
characteristics.

**carajo** EXCLAMATION.
damn. [South America,
Northwestern Spain]

**caramba** EXCLAMATION.
good grief. [expression of
shock, suprise or anger]

**caramelo** NOUN (m).
sweet, candy.

**caray** EXCLAMATION. good
heavens. [expresses
disgust, surprise,
astonishment]

**carácter** NOUN (m).
character.

**cargador** NOUN (m).
charger.

**cargar** VERB. to charge.

**cargo** NOUN (m). charge,
position, job, responsibility.

**Caribe** PROPER NOUN.
Caribbean.

**cariñoso** ADJECTIVE.
affectionate.

**carnaval** NOUN (m).
carnival.

**carne** NOUN (f). meat.

**carné de conducir**
NOUN (m). driving licence.

**carnicería** NOUN (f).
butchers.

**caro** ADJECTIVE.
expensive.

**carpa** NOUN (f). tent,
marquee.

**carpeta** NOUN (f). file,
folder, binder, portfolio.

**carrera** NOUN (f). studies,
degree, career.

**carretera** NOUN (f). road.

**carril** NOUN (m). lane.

**carro** NOUN (m). trolley,
carriage.

**carroza** NOUN (f). carriage.

**carta** NOUN (f). letter.

**cartas** NOUN (f). cards.

**cartel** NOUN (m). poster.

**cartera** NOUN (f). wallet, billfold, satchel.

**cartero** NOUN (m). mailman, postman.

**cartón** NOUN (m). cardboard box, cardboard.

**cartulina** NOUN (f). cardboard.

**casa** NOUN (f). house.

**casado** ADJECTIVE. married.

**casamentero** NOUN (m). matchmaker.

**casamiento** NOUN (m). wedding, marriage.

**casarse** R. VERB. to get married.

**cascarrabias** NOUN (m)(f). grumpy person.

**casco** NOUN (m). helmet.

**casi** ADVERB. nearly.

**casi nunca** ADVERB. almost never.

**casi siempre** ADVERB. almost always.

**castellano-leonés** ADJECTIVE. from Castile-Leon.

**castigo** NOUN (m). punishment.

**castillo** NOUN (m). castle.

**castizo** ADJECTIVE. pure, authentic.

**casualidad** NOUN (f). coincidence.

**catalán** ADJECTIVE. Catalan.

**catálogo** NOUN (m). brochure.

**catedral** NOUN (f). cathedral.

**categoría** NOUN (f). category.

**catolicismo** NOUN (m). catholisicm.

**catorce** NUMBER. fourteen.

**católico** ADJECTIVE. catholic.

**caudillo** NOUN (m). leader.

**causa** NOUN (f). reason.

**caverna** NOUN (f). cave, cavern.

**cayo** NOUN (m). quay or key (small island).

**cazador** NOUN (m). hunter.

**cálido** ADJECTIVE. warm.

**cállate** EXCLAMATION. shut up.

**cámara** NOUN (f). camera.

**cámara de video** NOUN (f). video camera.

**cántabro** ADJECTIVE. from Cantabria.

**cebolla** NOUN (f). onion.

**celador** NOUN (f). attendant, monitor.

**celebrar** VERB. celebrate.

**celo** NOUN (m). jealousy.

**cena** NOUN (f). dinner.

**cenar** VERB. to have dinner.

**Cenicienta** PROPER NOUN. Cinderella.

**centenar** VERB. centenary, hundred.

**centro** NOUN (m). center, centre.

**centro educativo** NOUN (m). school.

**cepillo de dientes** NOUN (m). tooth brush.

**cerca** PREPOSITION. close to.

**cercano** ADJECTIVE. nearby.

**cerda** NOUN (f). bristle.

**cerdo** NOUN (m). pig, pork.

**ceremonia** NOUN (f). ceremony.

**cero** NUMBER. zero.

**cero** NOUN (m). zero.

**cerrado** ADJECTIVE. closed.

**cerrar** VERB. to close, to shut.

**cerro** NOUN (m). hill.

**certamen** NOUN (m). contest, exam.

**cerveza** NOUN (f). beer.

**cesar** VERB. to stop, cease.

**cesta** NOUN (f). basket.

**cesto de ropa sucia** NOUN (m). laundry basket.

**céntimo** NOUN (m). cent.

**CF** ABBREV. FC, Football Club.

**CH** ABBREV. Chihuahua. [Mexican state]

**chale** EXCLAMATION. "no" intensified. [similar to "hell no" or "yeah right" - U.S., slang]

**chaleco salvavidas** NOUN (m). lifejacket.

**chalé** NOUN (m). chalet, villa.

**champú** NOUN (m). shampoo.

**chaqueta** NOUN (f). jacket.

**charcutería** NOUN (f). cold cuts.

**charlar** VERB. to chat.

**chata** NOUN (f). young girl (slang).

**chatear** VERB. to chat.

**chau** EXCLAMATION. bye, goodbye. [Latin America]

**che** EXCLAMATION. hey. [Argentine, Uruguay, Bolivia, Paraguay]

**checo** ADJECTIVE. Czech.

**chica** NOUN (f). girl.

**chico** NOUN (m). boy.

**chileno** ADJECTIVE. from Chile.

**chimenea** NOUN (f). fireplace, chimney.

**China** PROPER NOUN. China.

**chino** ADJECTIVE. Chinese.

**chito** EXCLAMATION. shh, hush, silence.

**chocolate** NOUN (m). chocolate.

**chollo** NOUN (m). bargain.

**chorizo** NOUN (m). paprika sausage.

**chucha** EXCLAMATION. damn.

**chuleta** NOUN (f). chop.

**churro** NOUN (m). churro (type of fried dough).

**CI** ABBREV. Coahuila. [Mexican state]

**cibercafé** NOUN (m). internet café.

**ciclo** NOUN (m). cycle.

**ciego** ADJECTIVE. blind.

**cielo** NOUN (m). sky.

**ciencia ficción** NOUN (f). science fiction.

**Ciencias Políticas** PROPER NOUN. Politics.

**científico** NOUN (m). scientific.

**cierto** ADJECTIVE. true, certain.

**cierzo** NOUN (m). north wind.

**cifrar** VERB. to value.

**cigarro** NOUN (m). cigar.

**cinco** NUMBER. five.

**cincuenta** NUMBER. fifty.

**cine** NOUN (m). cinema, movie theater.

**cinematografía** NOUN (f). cinematography.

**cinta** NOUN (f). tape.

**cintura** NOUN (f). waist.

**cinturón** NOUN (m). belt.

**circular** VERB. to circulate.

**circunstancia** NOUN (f). circumstance.

**cirujano** NOUN (m). surgeon.

**cita** NOUN (f). date, appointment.

**cita a ciegas** NOUN (f). blind date.

**ciudad** NOUN (f). city.

**ciudadano** NOUN (m). citizen.

**ciudadano** NOUN (m). citizen.

**civil** ADJECTIVE. civil.

**civilización** NOUN (f). civilization.

**círculo** NOUN (m). circle.

**CL** ABBREV. Colima. [Mexican state]

**claridad** NOUN (f). clarity.

**claro** ADJECTIVE. clear.

**clase** NOUN (f). class.

**clasificar** VERB. to classify.

**clausurar** VERB. to close.

**clavar** VERB. to stab.

**clave** NOUN (f). key (concept), code, password.
**clavo** NOUN (m). nail, clove.
**clásico** ADJECTIVE. classic.
**cliché** NOUN (m). cliché.
**cliente** NOUN (m). client.
**clima** NOUN (m). climate.
**climatología** NOUN (f). climatology.
**clonación** NOUN (f). cloning.
**club náutico** NOUN (m). sailing club.
**CM** ABBREV. Campeche. [Mexican state]
**cobrar** VERB. to charge, to earn.
**cobre** NOUN (m). copper.
**coche** NOUN (m). car.
**coche cama** NOUN (m). sleeping car.
**cocido** NOUN (m). stew.
**cocina** NOUN (f). kitchen.
**cocinar** VERB. to cook.
**codo** NOUN (m). elbow.
**coger** VERB. to take.
**cogidos de la mano** ADJECTIVE. holding hands.
**coherencia** NOUN (f). coherence.
**cohesión** NOUN (f). cohesion.
**coincidir** VERB. to coincide.

**cojo** ADJECTIVE. lame.
**cojonudo** EXCLAMATION. great, brilliant, ballsy. [vulgar, Spain]
**cola** NOUN (f). line, queue.
**colección** NOUN (f). collection.
**colectivo** NOUN (m). collective.
**colega** NOUN (m)(f). colleague.
**colegiado** NOUN (m). collegiate.
**colegio** NOUN (m). school.
**coleta** NOUN (f). ponytail.
**colgante** NOUN (m). pendant.
**colgar** VERB. to hang up.
**coliflor** NOUN (m). cauliflower.
**colocar** VERB. to place.
**Colombia** PROPER NOUN. Columbia.
**colonel** NOUN (m). colonel.
**colonia** NOUN (f). cologne, perfume.
**color** NOUN (m). colour.
**columna** NOUN (f). column.
**coma** NOUN (f). comma.
**combate** NOUN (m). combat, fight.
**combatir** VERB. to fight.
**combinar** VERB. to combine.

**combustible**　NOUN (m).
fuel.

**comedor**　NOUN (m). dining
room.

**comensal**　NOUN (m)(f).
diner, dinner guest.

**comentario**　NOUN (m).
comment.

**comenzar**　VERB. to start.

**comer**　VERB. to eat.

**comercial**　ADJECTIVE.
commercial.

**comercio**　NOUN (m).
commerce.

**cometer**　VERB. to commit.

**comida**　NOUN (f). food.

**comillas**　NOUN (f).
inverted commas.

**comilón**　NOUN (m). big
eater.

**comisaría**　NOUN (f). police
station.

**como**　ADVERB. as, like.

**como quiera**
EXCLAMATION. as you wish.

**comodidad**　NOUN (f).
comfort.

**compaginar**　VERB. to
juggle (jobs, lifestyles).

**compañero**　NOUN (m).
classmate, colleague,
companion.

**compañía aérea**　NOUN
(f). airline.

**comparar**　VERB. to
compare.

**comparativo**　NOUN (m).
comparative.

**comparecencia**　NOUN (f).
appearance.

**compartir**　VERB. to share.

**competencia**　NOUN (f).
competition.

**complacer**　VERB. to
please.

**complementos**　NOUN
(m). accessories.

**completamente**　ADVERB.
completely.

**completar**　VERB. to
complete, fill in.

**complicado**　ADJECTIVE.
complicated.

**componer**　VERB. to
compose.

**componerse**　R. VERB. to
get better, recover.

**comportamiento**　NOUN
(m). behavior.

**comportarse**　R. VERB. to
behave.

**compra**　NOUN (f).
purchase.

**comprar**　VERB. to buy.

**comprender**　VERB. to
understand.

**comprensión**　NOUN (f).
understanding.

**comprobar** VERB. to
check.

**comprometerse** R.
VERB. to commit to.

**compromiso** NOUN (m).
commitment.

**compulsivo** ADJECTIVE.
compulsive.

**comunicar** VERB. to
reveal, to communicate.

**comunicativo**
ADJECTIVE. communicative.

**comunidad** NOUN (f).
community.

**Comunidad**
**Autónoma** PROPER
NOUN. autonomous region.

**comunista** NOUN (m)(f).
communist.

**con** PREPOSITION. with.

**conceder** VERB. to
concede.

**concejal** NOUN (m)(f). city
counselor, councilman.

**concentración** NOUN (f).
concentration.

**concentrarse** R. VERB. to
concentrate.

**concepto** NOUN (m).
concept.

**concierto** NOUN (m).
concert.

**concluir** VERB. to
conclude, end up.

**conclusión** NOUN (f).
conclusion.

**concordancia** NOUN (f).
agreement.

**concordar** VERB. to
agree.

**concurso** NOUN (m).
contest.

**concurso de belleza**
NOUN (m). beauty contest.

**condesa** NOUN (f).
countess.

**condición** NOUN (f).
condition.

**conducir** VERB. to drive.

**conducta** NOUN (f).
behavior.

**conductor** NOUN (m).
driver.

**conectar** VERB. to
connect.

**conector** NOUN (m).
connector.

**confeccionado**
ADJECTIVE. made (sewn).

**confeccionar** VERB. to
make (sewing).

**conferencia** NOUN (f).
presentation, conference.

**Conferencia**
**Episcopal** PROPER
NOUN. Episcopal Chapter.

**confesión** NOUN (f).
confession.

**confianza** NOUN (f). trust, confidence.

**confirmación** NOUN (f). confirmation.

**confirmar** VERB. to confirm.

**conflictivo** ADJECTIVE. conflictive.

**conflicto** NOUN (m). conflict.

**conforme** EXCLAMATION. roger that.

**conformidad** NOUN (f). agreement.

**confuso** ADJECTIVE. confusing.

**congelar** VERB. to freeze.

**congreso** NOUN (m). conference.

**conjetura** NOUN (f). conjecture.

**conjugación** NOUN (f). conjugation.

**conjunción** NOUN (f). conjunction.

**conjunto** NOUN (m). set, whole.

**conocer** VERB. to know, be familiar with.

**conocido** ADJECTIVE. well known.

**conocimiento** NOUN (m). knowledge.

**consagrar** VERB. to establish oneself.

**conseguir** VERB. to obtain, to get.

**consejero matrimonial** NOUN (m). marriage counselor.

**consejo** NOUN (m). advice.

**consentimiento** NOUN (m). consent.

**conservación** NOUN (f). preservation, conservation.

**conservar** VERB. to preserve.

**considerar** VERB. to consider.

**consistir en** VERB. to be about.

**consolar** VERB. to console.

**consorcio** NOUN (m). consortium.

**constantemente** ADVERB. constantly.

**constar** VERB. to figure, be recorded.

**constatar** VERB. to verify, to confirm.

**constipado** ADJECTIVE. stuffy, stuffed up.

**constitución** NOUN (f). constitution.

**construcción** NOUN (f). construction.

**construir** VERB. to construct.

**consuelo** NOUN (m).
consolation.
**consulta** NOUN (f).
practice.
**consultar** VERB. to
consult.
**consultorio** NOUN (m).
doctor office, surgery,
consultancy.
**consumición** NOUN (f).
beverage.
**consumir** VERB. to
consume.
**consumista** NOUN (m)(f).
consumerist.
**consumo** NOUN (m).
consumption.
**contabilidad** NOUN (f).
accounting.
**contacto** NOUN (m).
contact.
**contaminación** NOUN (f).
contamination.
**contaminante**
ADJECTIVE. polluting.
**contar** VERB. to count.
**contemporáneo**
ADJECTIVE. contemporary.
**contenedor** NOUN (m).
trash can, rubbish bin,
container.
**contener** VERB. to
contain.
**contenido** NOUN (m).
content.

**contento** ADJECTIVE.
happy.
**contestador** NOUN (m).
answering machine.
**contestar** VERB. to
answer.
**contexto** NOUN (m).
context.
**continuación** NOUN (f).
continuation.
**continuar** VERB. to
continue.
**contorno** NOUN (m).
outline.
**contracción** NOUN (f).
contraction.
**contractura** NOUN (f).
contracture.
**contraer** VERB. to
contract.
**contraer matrimonio**
VERB PHRASE. to get
married.
**contraer una**
**enfermedad** VERB
PHRASE. to catch a disease,
get ill.
**contrario** NOUN (m).
opponent, rival.
**contrastar** VERB. to
compare, to contrast with.
**contraste** NOUN (m).
contrast.
**contratar** VERB. to hire.

**contratiempo** NOUN (m).
set-back, incident.
**control** NOUN (m). control.
**controlar** VERB. to
control.
**convalecencia** NOUN (f).
convalescence.
**convencer** VERB. to
convince.
**convencionalismo**
NOUN (m). traditionalism.
**conveniente** ADJECTIVE.
convenient, advisable.
**convenir** VERB. to suit.
**convento** NOUN (m).
monastery, convent,
nunnery.
**conversación** NOUN (f).
conversation.
**convertir** VERB. to
convert.
**convertirse** R. VERB. to
become.
**convivencia** NOUN (f). co-
existence.
**convivir** VERB. to live
together.
**convocar** VERB. to call
together.
**convocatoria** NOUN (f).
examination, call to a
meeting.
**coñac** NOUN (m). cognac.
**coño** EXCLAMATION. damn.
[slang, vulgar]

**coordinar** VERB. to
coordinate.
**copa** NOUN (f). drink.
**copeo** NOUN (m). drinking
(alcohol).
**copia** NOUN (f). copy.
**corazón** NOUN (m). heart.
**corbata** NOUN (f). tie.
**corcho** NOUN (m). cork.
**cordero** NOUN (m). lamb.
**coro** NOUN (m). choir.
**corona** NOUN (f). crown.
**coronel** NOUN (m). colonel.
**corporal** ADJECTIVE.
corporal.
**corrección** NOUN (f).
correction.
**correcto** ADJECTIVE.
correct.
**corregir** VERB. to correct.
**correo** NOUN (m). post
office.
**correo electrónico**
NOUN (m). email.
**correr** VERB. to run.
**corresponder** VERB. to
correspond.
**correspondiente**
ADJECTIVE. corresponding.
**corrida de toros** NOUN
(f). bullfight.
**corrupto** ADJECTIVE.
corrupt.
**cortar** VERB. to cut.

**cortarse** R. VERB. to cut oneself, to be embarrassed.

**cortesía** NOUN (f). courtesy.

**cortijo** NOUN (m). country estate.

**cortina** NOUN (f). curtain.

**corto** ADJECTIVE. short.

**cosa** NOUN (f). thing.

**cosecha** NOUN (f). harvest.

**costa** NOUN (f). coast.

**costar** VERB. to cost.

**costumbre** NOUN (f). custom.

**cotidiano** ADJECTIVE. everyday.

**cotilla** NOUN (f). gossip(y).

**cotilleo** NOUN (m). gossip.

**código postal** NOUN (m). postal code.

**cómoda** NOUN (f). chest of drawers.

**cómodo** ADJECTIVE. comfortable.

**cómplice** NOUN (m)(f). accomplice.

**cónsul** NOUN (m). consul.

**creación** NOUN (f). creation.

**creador** NOUN (m). creator.

**crear** VERB. to create.

**crecer** VERB. to grow.

**creciente** VERB. growing.

**creer** VERB. to think, believe.

**crepúsculo** NOUN (m). dawn.

**cretino** NOUN (m). cretin.

**crédito** NOUN (m). credit.

**crédulo** ADJECTIVE. gullible.

**crimen** NOUN (m). crime.

**criminalidad** NOUN (f). crime.

**crisis** NOUN (f). crisis.

**cristal** NOUN (m). glass.

**cronológicamente** ADVERB. chronologically.

**crónico** ADJECTIVE. chronic.

**crucifijo** NOUN (m). crucifix.

**crucigrama** NOUN (m). crossword.

**crudo** ADJECTIVE. crude, raw.

**cruz (moneda)** NOUN (f). tails (coin).

**cruzar** VERB. to cross.

**cs** ABBREV. teaspoons, tsp. [cucharadas]

**CS** ABBREV. Chiapas. [Mexican state]

**cuaderno** NOUN (m). notebook.

**cuadrangular** ADJECTIVE. quadrangular.

**cuadrangular** NOUN (m). home run (baseball).

**cuadro** NOUN (m). scheme.

**cualidad** NOUN (f). quality, skill.

**cualificado** ADJECTIVE. qualified.

**cualquier** ADJECTIVE. any.

**cuando** CONJUNCTION. when.

**cuarenta** NUMBER. forty.

**cuartel** NOUN (m). barracks.

**cuarto** ADJECTIVE. fourth.

**cuarto** NOUN (m). quarter.

**cuarto de baño** NOUN (m). bathroom.

**cuarto de estar** NOUN (m). living room.

**cuatro** NUMBER. four.

**Cuba** PROPER NOUN. Cuba.

**cubano** ADJECTIVE. Cuban.

**cubata** NOUN (f). long drink.

**cubertería** NOUN (f). cutlery.

**cubrir** VERB. to cover.

**cucharada** NOUN (f). spoonful.

**cuchillo** NOUN (m). knife.

**cuello** NOUN (m). neck.

**cuentacuentos** NOUN (m). story-teller.

**cuentas** NOUN (f). sums, account.

**cuentista** NOUN (m). exaggerator.

**cuento** NOUN (m). story.

**cuerda** NOUN (f). string, cord.

**cuero** NOUN (m). leather.

**cuerpo** NOUN (m). body.

**cuerpo celeste** NOUN (m). celestial body.

**cuervo** NOUN (m). crow.

**cuestionario** NOUN (m). questionnaire.

**cuestión** NOUN (f). question.

**cueva** NOUN (f). cave.

**cuidado** NOUN (m). care.

**cuidador** NOUN (m). caregiver, caretaker, keeper.

**cuidar** VERB. to look after.

**cuidarse** R. VERB. to look after oneself.

**culo** NOUN (m). behind, bottom.

**culpable** ADJECTIVE. guilty.

**cultivar** VERB. to grow.

**culto** ADJECTIVE. cultured.

**cultura** NOUN (f). culture.

**cultural** ADJECTIVE. cultural.

**culturalmente** ADVERB. culturally.

**cumpleaños** NOUN (m). birthday.

**cumplido** NOUN (m). compliment.

**cumplir** VERB. to carry out, fulfil.

**cumplir años** VERB. to have one's birthday.

**cuneta** NOUN (f). verge, ditch.

**cuñado** NOUN (m). brother-in-law.

**cura** NOUN (m). priest, remedy, cure.

**curiosidad** NOUN (f). curiosity.

**curioso** ADJECTIVE. curious, inquisitive, strange, odd.

**curriculum vitae** NOUN (m). CV.

**curro** NOUN (m). work (slang).

**cursar** VERB. to study.

**cursi** ADJECTIVE. corny, sappy, tacky, affected.

**curso** NOUN (m). course.

**cutis** NOUN (m). skin (face).

# D - d

**daca** EXCLAMATION. give it here.

**dama** NOUN (f). lady.

**dama de honor** NOUN (f). bridesmaid.

**danés** ADJECTIVE. Danish.

**danza del vientre** NOUN (f). belly dancing.

**daño** NOUN (m). harm.

**dar** VERB. to give.

**dar importancia a** VERB PHRASE. to give importance to.

**dar instrucciones** VERB PHRASE. to give instructions.

**dar las gracias** VERB PHRASE. to thank someone.

**dar una vuelta** VERB PHRASE. to go for a walk, drive.

**darse cuenta** R. VERB. to realise, to notice.

**darse un homenaje** R. VERB. to give oneself a treat.

**dato** NOUN (m). date, fact.

**dársena** NOUN (f). dock, basin.

**de cine** EXCLAMATION. great!

**de habla hispana** ADJECTIVE. Spanish speaking.

**de maravilla** ADVERB. marvellous(ly).

**de miedo** EXCLAMATION. great!

**de nada** EXCLAMATION. think nothing of it, you're welcome, don't mention it.

**de pena** ADVERB. very ill, bad(ly).

**de repente** ADVERB. suddenly.

**de vicio** EXCLAMATION. wicked! (ie: great!)

**debajo** PREPOSITION. underneath.

**deber** VERB. should.

**deberes** NOUN (m). homework, chores.

**debido a** PHRASE. because, due to.

**debut** NOUN (m). debut.

**decenas** ADJECTIVE. dozens.

**decepción** NOUN (f). disappointment.

**decidir** VERB. to decide.

**decir** VERB. to say.

**decisión** NOUN (f). decision.

**declarar** VERB. to declare.

**decorado** NOUN (m). stage setting.

**decorar** VERB. to decorate.

**dedicar** VERB. to dedicate.

**dedo** NOUN (m). finger.

**deducir** VERB. to deduce.

**defectuoso** ADJECTIVE. defective.

**defender** VERB. to defend.

**definir** VERB. to define.

**degustar** VERB. to taste, try.

**dejar** VERB. to leave.

**dejar en paz** VERB. to leave alone.

**dejar paso** VERB. to let someone by.

**delantal** NOUN (m). apron.

**delante** PREPOSITION. in front of.

**deletrear** VERB. to spell.

**delgado** ADJECTIVE. thin, slim.

**delito** NOUN (m). misdemeanour, offence.

**demasiado** ADJECTIVE. too much.

**democráticamente** ADVERB. democratically.

**demonio** NOUN (m). devil, demon.

**demostrativo** NOUN (m). demonstrative pronoun.

**denegar** VERB. to reject.

**dentista** NOUN (m). dentist.

**dentro** PREPOSITION. inside.

**denuncia** NOUN (f). police report.

**denunciante** NOUN (m)(f). accuser.

**departamento** NOUN (m). department.

**depender** VERB. to depend.

**depender de algo** VERB. to depend on something.

**dependiente** NOUN (m). shop assistant.

**deporte** NOUN (m). sport.

**deportista** NOUN (m)(f). sportsman/sportswoman.

**deportivo** ADJECTIVE. sporty.

**depósito** NOUN (m). deposit.

**deprimido** ADJECTIVE. depressed.

**deprisa** ADVERB. fast.

**derecha** ADJECTIVE. right.

**derecho** NOUN (m). right, law.

**derecho a voto** NOUN (m). right to vote.

**derivar** VERB. to derive from.

**derrame** NOUN (m). hemorrhage.

**derrochador** ADJECTIVE. spendthrift, wasteful.

**desabrocharse el cinturón** VERB PHRASE. to unfasten your seatbelt.

**desacuerdo** NOUN (m). disagreement.

**desagradable** ADJECTIVE. unpleasant.

**desaparecer** VERB. to disappear.

**desaparecido** ADJECTIVE. disappeared, missing.

**desarollar** VERB. to develop.

**desastre** NOUN (m). disaster.

**desastroso** ADJECTIVE. disastrous.

**desayunar** VERB. to have breakfast.

**desayuno** NOUN (m). breakfast.

**descalzar** VERB. to take off one's shoes.

**descansar** VERB. to relax.

**descapotable** NOUN (m). convertible (car).

**descolgar** VERB. to take the phone off the hook.

**desconectar** VERB. to disconnect.

**desconocer** VERB. to not know.

**desconocido** ADJECTIVE. unknown.

**descortés** ADJECTIVE. rude, discourteous.

**describir** VERB. to describe.

**descripción** NOUN (f).
description.

**descubrimiento** NOUN
(m). discovery.

**descubrir** VERB. to
discover.

**descuento** NOUN (m).
discount.

**desde aquí** PHRASE. from
here.

**desde luego** PHRASE.
well, of course.

**desde...hasta** PHRASE.
from…to.

**desear** VERB. to wish.

**desechar** VERB. to
discard, throw away.

**desempeñar** VERB. to
play (a role).

**desempeño** NOUN (m).
carrying out, fulfilment.

**desenvolverse** R. VERB.
to manage, cope.

**deseo** NOUN (m). wish.

**desesperado** ADJECTIVE.
desperate.

**desfile** NOUN (m). parade,
fashion show.

**desgracia** NOUN (f).
misfortune.

**desgraciado** ADJECTIVE.
unfortunate.

**deshacer** VERB. to un-do.

**desierto** NOUN (m). desert.

**desigualdad** NOUN (f).
inequality.

**desilusión** NOUN (f). let
down.

**desinfectar** VERB. to
disinfect.

**desinterés** NOUN (m). lack
of interest.

**deslumbrar** VERB. to
overwhelm.

**desmentir** VERB. to deny.

**desnudarse** R. VERB. to
remove one's clothes.

**desordenado** ADJECTIVE.
untidy.

**desorganizado**
ADJECTIVE. disorganized.

**despachar** VERB. to sell,
serve.

**despacho** NOUN (m).
office.

**despacio** ADVERB. slowly.

**despectivo** ADJECTIVE.
negative.

**despedida de soltero**
NOUN (f). bachelor party.

**despedirse** R. VERB. to
say good-bye.

**despejado** ADJECTIVE.
unclouded.

**despertador** NOUN (m).
alarm clock.

**despertar** VERB. to wake
up, awaken.

**despertarse** R. VERB. to wake up (oneself).

**despido** NOUN (m). dismissal (from work).

**despreciar** VERB. to dislike, disrespect.

**después** ADVERB. later, afterwards.

**destacar** VERB. to highlight.

**destinatario** NOUN (m). receiver.

**destino** NOUN (m). destination, destiny.

**destituir** VERB. to demote someone.

**destruir** VERB. to destroy.

**desvalorizarse** R. VERB. to be, to get de-valued.

**desventaja** NOUN (f). disadvantage.

**desventura** NOUN (f). misfortune, bad luck.

**detalladamente** ADVERB. in detail.

**detalle** NOUN (m). detail.

**detective** NOUN (m)(f). detective.

**detener** VERB. detain.

**deterioro** NOUN (m). deterioration.

**determinado** ADJECTIVE. specific, certain.

**detrás** PREPOSITION. behind.

**devolver** VERB. to return.

**débil** ADJECTIVE. weak.

**década** NOUN (f). decade.

**DF** ABBREV. Federal District (like Washington D.C.) [Distrito Federal - Mexican federal district]

**dial** NOUN (m). dial.

**diario** NOUN (m). diary.

**diálogo** NOUN (m). dialogue.

**dibujar** VERB. to paint, to draw.

**dibujo** NOUN (m). drawing.

**diccionario** NOUN (m). dictionary.

**diciembre** NOUN (m). December.

**dictado** NOUN (m). dictation.

**dictadura** NOUN (f). dictatorship.

**dictar** VERB. dictate.

**diecinueve** NUMBER. nineteen.

**dieciocho** NUMBER. eighteen.

**dieciséis** NUMBER. sixteen.

**diecisiete** NUMBER. seventeen.

**dieta** NOUN (f). diet.

**dietética** NOUN (f). dietetics.

**diez** NUMBER. ten.

**diferencia** NOUN (f).
difference.
**diferenciarse** R. VERB. to
be different, to differ, to
stand out.
**diferente** ADJECTIVE.
different.
**dificultad** NOUN (f).
difficulty.
**difícil** ADJECTIVE. difficult.
**difunto** NOUN (m)(f).
deceased.
**dignidad** NOUN (f). dignity.
**diminutivo** NOUN (m).
diminutive.
**diminuto** ADJECTIVE.
diminutive, tiny.
**dimisión** NOUN (f).
resignation.
**Dinamarca** PROPER NOUN.
Denmark.
**dinero** NOUN (m). money.
**dios** NOUN (m). god.
**dios mío** EXCLAMATION.
oh my god. [expression of
shock or surprise]
**diplomatura** NOUN (f).
diploma (in).
**diplomático** NOUN (m).
diplomat.
**diptongo** NOUN (m).
diphthong.

**diputado** NOUN (m).
congressman,
representative, member of
parliament.
**dirección** NOUN (f).
address.
**directo** ADJECTIVE. direct.
**director** NOUN (m). director.
**director de cine** NOUN
(m). film director.
**dirigente** NOUN (m)(f).
leader, manager.
**disciplina** NOUN (f).
discipline.
**discípulo** NOUN (m).
disciple.
**disco** NOUN (m). record,
disk.
**discoteca** NOUN (f).
discotheque.
**discreto** ADJECTIVE.
discreet.
**disculparse** R. VERB. to
apologize.
**discurso** NOUN (m).
speech.
**discutir** VERB. to discuss.
**diseñador** NOUN (m).
designer.
**disfrazarse** R. VERB. to
dress up, disguise oneself.
**disfrutar** VERB. enjoy.
**disgustar** VERB. to dislike.
**disparar** VERB. to shoot.

37

**disponibilidad**   NOUN (f).
availability.

**distancia**   NOUN (f).
distance.

**distinción**   NOUN (f).
distinction.

**distinto**   ADJECTIVE.
different.

**distribución**   NOUN (f).
distribution.

**distribuidor**   NOUN (m).
distributor.

**distribuir**   VERB. to
distribute.

**diversidad**   NOUN (f).
diversity.

**diversión**   NOUN (f). fun.

**divertido**   ADJECTIVE.
funny, enjoyable.

**divertirse**   R. VERB. to
have fun.

**dividir**   VERB. to divide.

**división**   NOUN (f). division.

**divorciado**   ADJECTIVE.
divorced.

**divorciarse**   R. VERB. to
get divorced.

**divorcio**   NOUN (m).
divorce.

**día**   NOUN (m). day.

**día y noche**   PHRASE.
night and day.

**dígame**   EXCLAMATION.
hello.

**dls**   ABBREV. dollars.

**doblar**   VERB. to fold, bend
(over).

**doble**   ADJECTIVE. double.

**doce**   NUMBER. twelve.

**doctorado (en)**   NOUN (m).
PHD (in).

**documentación**   NOUN (f).
identification.

**documental**   NOUN (m).
documentary.

**documento**   NOUN (m).
document.

**doler**   VERB. to hurt.

**dolor**   NOUN (m). pain.

**doméstico**   ADJECTIVE.
domestic.

**domingo**   NOUN (m).
Sunday.

**dominio**   NOUN (m).
domain, command.

**don de gentes**   NOUN (m).
to be good with people.

**dormir**   VERB. to sleep.

**dormitorio**   NOUN (m).
bedroom.

**dos**   NUMBER. two.

**dos**   ADJECTIVE. two.

**dos puntos**   NOUN (m).
colon.

**dosis**   NOUN (f). dose.

**dólar**   NOUN (m). dollar.

**dpto**   ABBREV. department.
[departamento]

**drama**   NOUN (m). drama.

**droga**   NOUN (f). drug.

**Drs.** ABBREV. Drs. [short for Doctores]

**Dr.** ABBREV. Dr. [short for Doctor]

**DU** ABBREV. Durango. [Mexican state]

**ducha** NOUN (f). shower.

**ducharse** R. VERB. to have a shower.

**duda** NOUN (f). doubt.

**dudar** VERB. to doubt.

**dueño** NOUN (m). owner.

**dulce** NOUN (m). sweet.

**duración** NOUN (f). duration.

**durante** ADVERB. for, during.

**durar** VERB. to last.

**duro** ADJECTIVE. hard.

**D.** ABBREV. honorific title for a man (roughly equivalent to Sir). [Don]

**D.N.I.** NOUN (m). ID card.

# E - e

**ea** EXCLAMATION. so, and so, now. [expressing resolution, preceding a willful resolution]

**echar** VERB. to put, to add.

**echar un vistazo** VERB PHRASE. to take a look at.

**echarse la siesta** VERB PHRASE. to have a nap, siesta.

**ecologista** NOUN (m)(f). ecologist.

**ecológico** ADJECTIVE. ecological.

**economista** NOUN (m)(f). economist.

**economía** NOUN (f). economy.

**económicamente** ADVERB. economically.

**Económicas** PROPER NOUN. Economics.

**económico** ADJECTIVE. economical.

**edad** NOUN (f). age.

**edificio** NOUN (m). building.

**educación** NOUN (f). education.

**educar** VERB. to educate.

**educativo** ADJECTIVE. educational.

**efectivo** ADJECTIVE. effective.

**efervescente** ADJECTIVE. effervescent, sparkling.

**eficaz** ADJECTIVE. efficient.

**Egipto** PROPER NOUN.
Egypt.

**egocéntrico** NOUN (m).
egocentric.

**egoísta** ADJECTIVE. selfish.

**eh** EXCLAMATION. hey.
[used to call, draw
attention, warn or
reprehend]

**ejecutivo** NOUN (m).
executive.

**ejemplo** NOUN (m).
example.

**ejercer** VERB. to practice.

**ejercer de** VERB. to work
as.

**ejercicio** NOUN (m).
exercise.

**elaboración** NOUN (f).
fabrication, making.

**elaborar** VERB. to develop,
to make.

**elecciones** NOUN (f).
elections.

**elector** NOUN (m). voter.

**electricidad** NOUN (f).
electricity.

**electrodoméstico** NOUN
(m). home appliance.

**elegante** ADJECTIVE.
elegant.

**elegir** VERB. to choose.

**elemento** NOUN (m).
element.

**eléctrico** ADJECTIVE.
electric.

**emanciparse** R. VERB. to
emancipate oneself, be
emancipated.

**embajada** NOUN (f).
embassy.

**embajador** NOUN (m).
ambassador.

**embalse** NOUN (m).
reservoir.

**embarazo** NOUN (m).
pregnancy.

**embarcación** NOUN (f).
boat.

**emborracharse** R. VERB.
to get drunk.

**emborronar** VERB. to blot,
scribble on, smudge.

**embotellado** ADJECTIVE.
bottled.

**embutido** NOUN (m). cold
cuts (pork derivatives).

**emigrante** NOUN (m)(f).
emigrant.

**emigrar** VERB. emigrate.

**emisión** NOUN (f).
broadcast.

**emisora** NOUN (f). radio
station.

**emisora de radio** NOUN
(f). radio station.

**emocionado** ADJECTIVE.
excited, touched.

**emocionante** ADJECTIVE.
exciting.
**emoción** NOUN (f).
emotion.
**empapado** ADJECTIVE.
soaked.
**empeorar** VERB. to get
worse.
**emperador** NOUN (m).
emperor.
**empezar** VERB. to begin.
**empírico** ADJECTIVE.
empirical.
**emplear** VERB. to use.
**empleo** NOUN (m). job.
**empresa** NOUN (f).
company.
**Empresariales** PROPER
NOUN. business studies.
**empresario** NOUN (m).
businessman.
**empujón** NOUN (m). push,
shove.
**en ayunas** PHRASE. on an
empty stomach, fasting.
**en busca de** PHRASE.
looking for, in search of.
**en cambio** PHRASE. by
contrast.
**en común** PHRASE. in
common.
**en concierto** PHRASE. in
concert.
**en conclusión** PHRASE.
in conclusion.

**en cuanto a** PHRASE.
regarding.
**en definitiva** PHRASE. to
sum up.
**en doble fila** PHRASE.
double parked.
**en español** PHRASE. in
Spanish.
**en gran medida** ADVERB.
largely.
**en la actualidad**
ADVERB. today.
**en la vida** ADVERB. never
in (my) whole life.
**en negrita** PHRASE. in
bold.
**en primer lugar** ADVERB.
firstly.
**en principio** ADVERB.
generally, basically.
**en punto** ADVERB. on the
dot.
**en público** ADVERB. in
public.
**en realidad** ADVERB.
actually.
**en resumen** PHRASE. to
sum up.
**en términos generales**
PHRASE. generally.
**en total** PHRASE. in total.
**en tu lugar** PHRASE. in
your shoes.
**enamorado** ADJECTIVE. in
love.

41

**enamorarse**   R. VERB. to
fall in love.

**enano**   NOUN (m). dwarf.

**encabezar**   VERB. to head,
to lead.

**encantado**   ADJECTIVE.
delighted.

**encantar**   VERB. to love,
adore.

**encanto**   NOUN (m). charm.

**encargado**   NOUN (m).
manager.

**encargarse**   R. VERB. to
take responsibility of/for.

**encender**   VERB. to switch
on, light.

**enchufado**   ADJECTIVE. to
have friends in high places,
be connected.

**enchufe**   NOUN (m). plug,
wall socket.

**encima**   PREPOSITION. over,
above.

**encontrar**   VERB. to find.

**encontrarse de frente**
VERB PHRASE. come face to
face.

**encuentro**   NOUN (m).
meeting.

**encuesta**   NOUN (f). survey.

**encuestador**   NOUN (m).
pollster/interviewer.

**endemoniado**
ADJECTIVE. possessed.

**endurecer**   VERB. to
harden.

**energía solar**   NOUN (f).
solar energy.

**enero**   NOUN (m). January.

**enésima vez**   NOUN (f). for
the umpteenth time.

**enfadado**   ADJECTIVE.
angry.

**enfadarse**   R. VERB. to get
angry.

**enfáticamente**   ADVERB.
emphatically.

**enfático**   ADJECTIVE.
emphatic.

**enfermedad**   NOUN (f).
illness, sickness.

**enfermo**   ADJECTIVE. ill,
sick.

**enfrentar**   VERB. to bring
face to face, confront.

**enfrente**   PREPOSITION.
opposite, in front.

**engañar**   VERB. to deceive,
trick, fool, mislead, cheat
on.

**engreído**   ADJECTIVE. vain.

**engrosar**   VERB. to thicken,
to grow, to put on weight.

**enhorabuena**
EXCLAMATION.
congratulations. [Spain]

**enhorabuena**
EXCLAMATION.
congratulations.

42

**enigma** NOUN (m). mystery, enigma.

**enjabonar** VERB. to lather (soap).

**enlace** NOUN (m). wedding.

**enloquecer** VERB. to drive someone crazy.

**enorme** ADJECTIVE. enormous.

**enredadera** NOUN (f). creeper (vine).

**enriquecer** VERB. to enrich.

**enriquecimiento** NOUN (m). enrichment.

**ensalada** NOUN (f). salad.

**enseguida** ADVERB. immediately.

**enseñanza** NOUN (f). teaching.

**enseñar** VERB. to show, to teach.

**ensoñación** NOUN (f). day dream.

**ensuciar** VERB. to get something dirty.

**entender** VERB. to understand.

**enterarse** R. VERB. to find out.

**entero** ADJECTIVE. full, whole.

**entierro** NOUN (m). burial, funeral.

**entonación** NOUN (f). intonation.

**entonar** VERB. to get in tune.

**entonces** ADVERB. so, then.

**entorno** NOUN (m). surroundings.

**entorno social** NOUN (m). social circle.

**entrada** NOUN (f). ticket.

**entrar** VERB. to enter.

**entre** PREPOSITION. between.

**entre amigos** PHRASE. between friends.

**entre semana** PHRASE. during the week.

**entrega de premios** PHRASE. prize-giving.

**entregar** VERB. to hand in, over.

**entremezclarse** R. VERB. to mix up, to mingle with.

**entrenar** VERB. to train.

**entretanto** ADVERB. meanwhile.

**entretenido** ADJECTIVE. entertaining.

**entrever** VERB. to glimpse, catch sight of.

**entrevista** NOUN (f). interview.

**entrevista de trabajo** NOUN (f). job interview.

**entrevistadora** NOUN (f).
interviewer.

**entusiasmo** NOUN (m).
enthusiasm.

**entusiasta** ADJECTIVE.
enthusiastic.

**enumeración** NOUN (f).
numbering.

**envase** NOUN (m).
container, packaging.

**envejecer** VERB. to grow
old, age.

**enviar** VERB. to send.

**envidiar** VERB. to envy.

**envío** NOUN (m). sending.

**envolver** VERB. to wrap
up.

**epa** EXCLAMATION. hey.

**epígrafe** NOUN (m).
epigraph.

**equipaje** NOUN (m).
luggage.

**equipo** NOUN (m). team.

**equivaler** NOUN (m). to be
equivalent.

**era virtual** NOUN (f).
virtual age.

**erguido** ADJECTIVE. erect,
upright.

**error** NOUN (m). error.

**erróneo** ADJECTIVE.
erroneous.

**es que** PHRASE. you see,
well.

**es su turno** PHRASE. it is
your turn.

**escalar** VERB. to climb.

**escalera** NOUN (f). stairs.

**escalope** NOUN (m).
escalope.

**escapar** VERB. to escape.

**escaparate** NOUN (m).
shop window.

**escayolado** ADJECTIVE.
to be in a cast, be in
plaster.

**escena** NOUN (f). scene.

**escepticismo** NOUN (m).
sceptisism.

**escéptico** ADJECTIVE.
sceptic.

**esclavo** NOUN (m). slave.

**escoger** VERB. to choose.

**escolar** ADJECTIVE. school.

**esconder** VERB. to hide.

**escopeta** NOUN (f).
shotgun.

**escribir** VERB. to write.

**escritor** NOUN (m). writer.

**escritorio** NOUN (m). desk.

**escuchar** VERB. to listen.

**escuela** NOUN (f). school.

**escuela pública** NOUN
(f). state school.

**ese** EXCLAMATION. hello.
[Mexico, informal]

**eslovaca** ADJECTIVE.
Slovakian.

**esnob** NOUN (m)(f). snob.

**espaciador** NOUN (m).
space-bar (on a keyboard).

**espacio** NOUN (m). space.

**espada** NOUN (f). spade.

**espalda** NOUN (f). back.

**España** PROPER NOUN.
Spain.

**español** NOUN (m).
Spanish.

**español** NOUN (m).
Spaniard.

**espárrago** NOUN (m).
asparagus.

**especial** ADJECTIVE.
special.

**especialista** NOUN (m)(f).
specialist.

**especialización** NOUN (f).
specialization.

**especie** NOUN (f). species.

**especificar** VERB. to
specify.

**espectáculo** NOUN (m).
show.

**espejo** NOUN (m). mirror.

**esperanza** NOUN (f). hope.

**esperanzado** ADJECTIVE.
encouraging.

**esperar** VERB. to wait.

**espiar** VERB. to spy.

**espinaca** NOUN (f).
spinach.

**espiritualidad** NOUN (f).
spirituality.

**espíritu** NOUN (m). spirit.

**esponja** NOUN (f). sponge.

**esposa** NOUN (f). wife.

**esposas** NOUN (f).
handcuffs.

**espuma de afeitar**
NOUN (f). shaving cream,
shaving foam.

**esquema** NOUN (m).
scheme.

**esquiar** VERB. to ski.

**esquina** NOUN (f). corner.

**esquí** NOUN (m). skiing.

**establecer** VERB. to
establish.

**establecimiento** NOUN
(m). establishment.

**estación** NOUN (f). season,
station.

**estación de tren** NOUN
(f). train station.

**estadio** NOUN (m). stadium.

**estado** NOUN (m). state.

**estado civil** NOUN (m).
marital status.

**Estados Unidos**
PROPER NOUN. United
States.

**estadounidense** NOUN
(m). American (U.S.)

**estallar** VERB. to explode,
blow up.

**estancia** NOUN (f). stay.

**estanco** NOUN (m).
tobacco-shop.

**estanque**  NOUN (m). pond, reservoir.

**estantería**  NOUN (f). shelf.

**estaño**  NOUN (m). tin.

**estar**  VERB. to be.

**estar a ... grados**  VERB PHRASE. it is ... degrees.

**estar callado**  VERB PHRASE. to remain quiet.

**estar de**  VERB PHRASE. be a (temporary profession).

**estar de acuerdo**  VERB PHRASE. to agree.

**estar de mal humor**  VERB PHRASE. to be in a bad mood.

**estar de moda**  VERB PHRASE. to be in fashion.

**estar en desacuerdo**  VERB PHRASE. to disagree.

**estar equivocado**  VERB PHRASE. to be wrong.

**estar harto**  VERB PHRASE. to be fed up.

**estar hecho polvo**  VERB PHRASE. to be exhausted.

**estar mal visto**  VERB PHRASE. not to be approved of.

**estar + gerundio**  VERB PHRASE. to be + ...ing.

**este**  EXCLAMATION. uh. [space filler in a conversation]

**este**  NOUN (m). east.

**estereotipo**  NOUN (m). stereotype.

**estético**  ADJECTIVE. aesthetic.

**estilo**  NOUN (m). style, way.

**estilo indirecto**  NOUN (m). indirect speech.

**estimar**  VERB. to guess, esteem.

**estirar**  VERB. to stretch, flex.

**Estocolmo**  PROPER NOUN. Stockholm.

**estornudar**  VERB. to sneeze.

**estornudo**  NOUN (m). sneeze.

**estómago**  NOUN (m). stomach.

**estrago**  NOUN (m). havoc, ruin.

**estrecho**  ADJECTIVE. narrow.

**estrella**  NOUN (f). star.

**estresado**  ADJECTIVE. stressed.

**estresante**  ADJECTIVE. stressful.

**estribar**  VERB. to lie in, be based on, come from.

**estribo**  NOUN (m). stirrup, step.

**estricto**  ADJECTIVE. strict.

**estrofa** NOUN (f). stanza, verse.

**estropeado** ADJECTIVE. broken.

**estructura** NOUN (f). structure.

**estudiante** NOUN (m)(f). student.

**estudiar** VERB. to study.

**estudio** NOUN (m). studio.

**estudios** NOUN (m). studies.

**estupefaciente** NOUN (m). narcotic, anesthetic, drug.

**estupendo** ADJECTIVE. marvellous, stupendous.

**estupor** NOUN (m). stupor.

**etapa** NOUN (f). period, stage.

**eterno** ADJECTIVE. eternal.

**etiqueta** NOUN (f). label, sticker.

**etrusco** ADJECTIVE. Etruscan.

**euro** NOUN (m). euro.

**Europa** PROPER NOUN. Europe.

**europeo oriental** NOUN (m). East European.

**eutanasia** NOUN (f). euthanasia.

**evaluar** VERB. to evaluate.

**evento** NOUN (m). event.

**evidente** ADJECTIVE. evident.

**evitar** VERB. to avoid.

**evocar** VERB. to evoke.

**evolucionar** VERB. to develop.

**exactamente** ADVERB. exactly.

**exacto** ADJECTIVE. exact.

**exagerado** ADJECTIVE. exaggerated.

**exagerar** VERB. to exaggerate.

**exaltación** NOUN (f). exaltation.

**examen** NOUN (m). exam.

**examinarse** R. VERB. to take a test, take an examination.

**excelente** ADJECTIVE. excellent.

**excepto** PREPOSITION. except.

**exceso** NOUN (m). excess.

**excéntrico** ADJECTIVE. eccentric.

**excitante** ADJECTIVE. exciting.

**exclamación** NOUN (f). exclamation.

**exclusivamente** ADVERB. exclusively.

**excursión** NOUN (f). excursion.

**excusa** NOUN (f). excuse.

**exiliarse** R. VERB. to go into exile.

**existir** VERB. to exist.
**exótico** ADJECTIVE. exotic.
**experiencia** NOUN (f).
experience.
**explicar** VERB. to explain.
**exponer** VERB. show.
**exposición** NOUN (f).
exhibition.
**expresar** VERB. to
express.
**expresivo** ADJECTIVE.
expressive.
**exquisito** ADJECTIVE.
exquisite.
**extendido** ADJECTIVE.
extended.
**extensión** NOUN (f).
extension.
**extenso** ADJECTIVE.
extensive.

**extirpado** ADJECTIVE.
removed (a tumor, etc.)
**extranjero** NOUN (m).
foreigner.
**extrañeza** NOUN (f).
strangeness.
**extraño** ADJECTIVE.
strange.
**extraordinario**
ADJECTIVE. extraordinary.
**extraterrestre** NOUN
(m)(f). extra-terrestrial.
**extravio** NOUN (m).
disappearance.
**extremeño** ADJECTIVE.
from Extremadura.
**extrovertido** ADJECTIVE.
extrovert.

# F - f

**fabricación** NOUN (f).
production, making of.
**fabuloso** ADJECTIVE.
fabulous.
**fachada** NOUN (f). façade.
**factura** NOUN (f). bill.
**facturación** NOUN (f).
check-in.
**facultad** NOUN (f). faculty.

**faenar** VERB. to work,
labor, fish.
**falda** NOUN (f). skirt.
**fallecer** VERB. to die,
expire.
**faltar** VERB. to be missing.
**familia** NOUN (f). family.
**familia real** NOUN (f).
royal family.

**familiar**  NOUN (m). family member.

**famoso**  ADJECTIVE. famous.

**fantasía**  NOUN (f). fantasy.

**fantasma**  NOUN (m). ghost.

**fantástico**  ADJECTIVE. fantastic.

**faraón**  NOUN (m). pharaoh.

**farmacéutico**  NOUN (m). pharmacist, chemist.

**farmacia**  NOUN (f). pharmacy.

**fastidiar**  VERB. to mess up, annoy.

**fastidio**  NOUN (m). annoyance, pain.

**fatal**  ADJECTIVE. awful, horrendous.

**fauna**  NOUN (f). fauna.

**favorito**  ADJECTIVE. favorite.

**fábrica**  NOUN (f). factory.

**fácil**  ADJECTIVE. easy.

**fálico**  ADJECTIVE. phallic.

**febrero**  NOUN (m). February.

**fecha**  NOUN (f). date.

**felicidad**  NOUN (f). happiness.

**felicidades**  EXCLAMATION. congratulations.

**felicitar**  VERB. to congratulate.

**feliz**  ADJECTIVE. happy.

**feliz cumpleaños**  EXCLAMATION. happy birthday.

**fenomenal**  ADJECTIVE. fantastic.

**fenómeno**  NOUN (m). phenomenon.

**feo**  ADJECTIVE. ugly.

**feria**  NOUN (f). fair, market.

**feroz**  ADJECTIVE. ferocious.

**fertilidad**  NOUN (f). fertility.

**fervor**  NOUN (m). fervor.

**festival**  NOUN (m). festival.

**festivo**  NOUN (m). national holiday.

**FF. AA.**  ABBREV. Armed Forces. [fuerzas armadas]

**fiambre**  NOUN (m). cold cut.

**fibra**  NOUN (f). fibre.

**ficha**  NOUN (f). chip, token, piece, card.

**fidelidad**  NOUN (f). fidelity.

**fiebre**  NOUN (f). fever.

**fiel**  ADJECTIVE. faithful.

**fiesta**  NOUN (f). party.

**fiesta familiar**  NOUN (f). family reunion, party.

**figura**  NOUN (f). figure.

**fijar**  VERB. to fix.

**fijarse** R. VERB. pay attention.

**fila** NOUN (f). line, queue, row.

**filósofo** NOUN (m). philosopher.

**fin** NOUN (m). end.

**fin de semana** NOUN (m). weekend.

**final** NOUN (f). final.

**finalizar** VERB. finish.

**finalmente** ADVERB. finally.

**finanzas** NOUN (f). finances, accounts.

**finca** NOUN (f). estate, farm.

**fino** ADJECTIVE. fine.

**firma** NOUN (f). signature.

**firmar** VERB. to sign.

**firme** ADJECTIVE. firm.

**física nuclear** NOUN (f). nuclear physics.

**físicamente** ADVERB. physically.

**físico** ADJECTIVE. physical.

**flamenca** NOUN (f). flamenco dancer.

**flexo** NOUN (m). gooseneck lamp, angle-poise lamp.

**flipar** VERB. to be amazed (colloquial).

**flor** NOUN (f). flower.

**flora** NOUN (f). flora.

**Florencia** PROPER NOUN. Florence.

**flujo** NOUN (m). flow, discharge.

**fofo** ADJECTIVE. flabby.

**fontanería** NOUN (f). plumbing.

**forastero** NOUN (m). foreigner, outsider.

**forma de gobierno** NOUN (f). type of government.

**forma de pago** NOUN (f). method of payment.

**forma de vida** NOUN (f). way of life.

**formal** ADJECTIVE. formal.

**formar** VERB. to form.

**foro** NOUN (m). forum.

**forofo** NOUN (m). fan.

**forrarse** R. VERB. to get rich.

**fortalecer** VERB. to strengthen.

**fortuna** NOUN (f). luck, fortune.

**forzar** VERB. to force.

**foto** NOUN (f). photo.

**fotocopiadora** NOUN (f). photocopier.

**fotografía** NOUN (f). photograph.

**fórmula** NOUN (f). formula.

**fractura** NOUN (f). fracture, break.

**fragmento** NOUN (m). fragment.

**francés** ADJECTIVE. French.

**Francia** PROPER NOUN. France.

**franja** NOUN (f). band, timetable.

**franquista** ADJECTIVE. of Franco.

**frase** NOUN (f). sentence.

**frecuencia** NOUN (f). frequency.

**frecuente** ADJECTIVE. often.

**fregar** VERB. to wash up.

**fregona** NOUN (f). mop.

**freír** VERB. to fry.

**freno** NOUN (m). brake, brace.

**fresa** NOUN (f). strawberry.

**fresco** ADJECTIVE. fresh.

**frigorífico** NOUN (m). refrigerator.

**frijol** NOUN (m). kidney bean.

**frío** ADJECTIVE. cold.

**frontera** NOUN (f). border.

**frotar** VERB. to rub.

**fruta** NOUN (f). fruit.

**frutería** NOUN (f). greengrocers.

**fr.** ABBREV. friar. [fray]

**fuego** NOUN (m). fire.

**fuegos artificiales** NOUN (m). fireworks.

**fuente** NOUN (f). fountain, spring.

**fuera de** PREPOSITION. outside.

**fuera de casa** PHRASE. away from home.

**fuerte** ADJECTIVE. strong.

**fuerzas armadas** NOUN (f). armed forces.

**fumador** NOUN (m). smoker.

**fumar** VERB. to smoke.

**funcionamiento** NOUN (m). operation.

**funcionar** VERB. to work.

**funcionario** NOUN (m). state worker, clerk.

**función** NOUN (f). function.

**fundación** NOUN (f). foundation.

**fundamental** ADJECTIVE. fundamental.

**fusilamiento** NOUN (m). execution, shooting.

**futbolista** NOUN (m)(f). footballer, soccer player.

**futuro** NOUN (m). future.

**fútbol**  NOUN (m). football,  |  soccer.

# G - g

**gafas**  NOUN (f). glasses.

**gafas de sol**  NOUN (f). sunglasses.

**galería de arte**  NOUN (f). art gallery.

**Galicia**  PROPER NOUN. Galicia.

**gallego**  ADJECTIVE. Galician.

**galleta**  NOUN (f). biscuit, cookie.

**gallina**  NOUN (f). hen.

**gallo**  NOUN (m). cock, rooster.

**gamba**  NOUN (f). prawn, shrimp.

**ganado**  NOUN (m). cattle.

**ganador**  NOUN (m). winner.

**ganar**  VERB. to win, earn.

**ganarse la vida**  VERB PHRASE. to earn one's living, make a living.

**garaje**  NOUN (m). garage.

**garganta**  NOUN (f). throat.

**gas**  NOUN (m). gas.

**gasolina**  NOUN (f). gasoline, petrol.

**gasolinera**  NOUN (f). gas station, petrol station.

**gastar**  VERB. to spend.

**gastronomía**  NOUN (f). gastronomy.

**gato**  NOUN (m). cat.

**gazpacho**  NOUN (m). cold tomato soup.

**gel**  NOUN (m). liquid soap.

**gemelos**  NOUN (m). twins, calves.

**generalidad**  NOUN (f). generalization.

**generalmente**  ADVERB. generally.

**generoso**  ADJECTIVE. generous.

**genial**  ADJECTIVE. great, brilliant.

**gente**  NOUN (f). people.

**genuino**  ADJECTIVE. genuine.

**gerencia**  NOUN (f). management.

**gestar**  VERB. to gestate, develop.

**gesto**  NOUN (m). gesture.

**gestual**  ADJECTIVE. gestural, gesticulating, using gestures.

**género** NOUN (m). gender, genre, kind, sort, type, genus.

**gimnasio** NOUN (m). fitness studio, gymnasium, gym.

**girar** VERB. to turn, spin, revolve.

**gitano** NOUN (m). gypsy.

**globo** NOUN (m). balloon, globe.

**glúteos** NOUN (m). buttocks.

**gobierno** NOUN (m). government.

**gobierno popular** NOUN (m). popular government.

**golosina** NOUN (f). sweet, candy.

**golpe** NOUN (m). blow, punch.

**golpe de estado** NOUN (m). coup d'etat.

**goma** NOUN (f). eraser, rubber band.

**gordo** ADJECTIVE. fat.

**goyesco** ADJECTIVE. in the style of Goya.

**gozo** NOUN (m). pleasure, joy.

**góndola** NOUN (f). gondola.

**GR** ABBREV. Guerrero. [Mexican state]

**grabación** NOUN (f). recording.

**grabar** VERB. to tape, record.

**gracias** EXCLAMATION. thank you.

**gracias** EXCLAMATION. thank you.

**gracioso** ADJECTIVE. funny.

**grado** NOUN (m). grade, level.

**Gral.** ABBREV. general. [general]

**gramatical** ADJECTIVE. grammatical.

**gramática** NOUN (f). grammar.

**gramófono** NOUN (m). record player, gramophone.

**gran** ADJECTIVE. great, large.

**grande** ADJECTIVE. big.

**grandes almacenes** NOUN (m). department store.

**grandes éxitos** NOUN (m). greatest hits.

**grano** NOUN (m). spot, pimple.

**grasa** NOUN (f). grease.

**gratificante** ADJECTIVE. gratifying.

**gratitud** NOUN (f). thankfulness, gratitude.

**gratuito** ADJECTIVE. free, gratuitous.

**grave** ADJECTIVE. serious.
**gráfico** NOUN (m). graphic.
**Grecia** PROPER NOUN. Greece.
**griego** ADJECTIVE. Greek.
**gripe** NOUN (f). flu, cold.
**gris** ADJECTIVE. gray.
**gritar** VERB. to scream.
**grito** NOUN (m). shout, scream.
**grueso** ADJECTIVE. thick.
**grupo** NOUN (m). group.
**GT** ABBREV. Guanajuato. [Mexican state]
**guante** NOUN (m). gloves.
**guapo** ADJECTIVE. good-looking.
**guardar** VERB. to keep, put away, save, store.
**guardia civil** NOUN (m)(f). civil guard.
**guardián** NOUN (m). guardian.
**guatemalteco** ADJECTIVE. Guatemalan.

**guau** EXCLAMATION. bow wow, woof. [the sound a dog makes when barking]
**guau** EXCLAMATION. wow. [expressing astonishment or admiration]
**guay** ADJECTIVE. great.
**guácala** EXCLAMATION. ew, gross. [Latin America]
**gubernamental** ADJECTIVE. governmental.
**guerra** NOUN (f). war.
**Guerra Civil** PROPER NOUN. Civil War.
**Guerra Mundial** PROPER NOUN. world war.
**guiarse** R. VERB. to be guided.
**guión** NOUN (m). dash.
**guisante** NOUN (m). pea.
**guitarra** NOUN (f). guitar.
**guía** NOUN (f). guidebook.
**gustar** VERB. to please, be liked.
**gusto** NOUN (m). pleasure.

# H - h

**habitación** NOUN (f). room.
**habitante** NOUN (m). inhabitant.
**habitar** VERB. to live, inhabit.

**habitual** ADJECTIVE. habitual.
**hablador** ADJECTIVE. talkative.
**hablante** NOUN (m)(f). speaker.

**hablar** VERB. to speak.
**hace** ADVERB. ago.
**hace aire** VERB PHRASE.
there's a breeze.
**hace calor** VERB PHRASE.
it is hot.
**hace frío** VERB PHRASE. it
is cold.
**hace mucho viento**
VERB PHRASE. it is very
windy.
**hace sol** VERB PHRASE.
the sun is shining.
**hacer** VERB. to make, do.
**hacer daño** VERB PHRASE.
to cause pain, hurt
someone.
**hacer falta** VERB PHRASE.
to need, miss, be
necessary.
**hacer gimnasia** VERB
PHRASE. to work out.
**hacer memoria** VERB
PHRASE. to think hard, try to
remember.
**hacer preguntas** VERB
PHRASE. to ask questions.
**hacer señas** VERB
PHRASE. to make signs.
**hacer transbordo** VERB
PHRASE. to transit.
**hacer turismo** VERB
PHRASE. to go on (to be) on
holiday.

**hala** EXCLAMATION. right,
come on.
**hala** EXCLAMATION. come
on, let's go, hey, wow.
**hallar** VERB. to find.
**hambre** NOUN (m). hunger.
**hambriento** ADJECTIVE.
hungry.
**hasta** PREPOSITION. until.
**hasta ahora** PHRASE.
until now.
**hasta la vista** PHRASE.
see you around.
**hasta las tantas**
PHRASE. until very late.
**hasta luego**
EXCLAMATION. see you later.
**hasta pronto**
EXCLAMATION. see you
soon.
**hay que (+ verbo)** VERB
PHRASE. (you) have to.
**hábito** NOUN (m). habit.
**hechicero** NOUN (m).
sorcerer.
**hecho** NOUN (m). fact,
deed.
**helado** NOUN (m). ice
cream.
**helicóptero** NOUN (m).
helicopter.
**herencia** NOUN (f).
inheritance.
**herida** NOUN (f). wound.
**hermana** NOUN (f). sister.

**hermanos** NOUN (m).
brothers.

**hermoso** ADJECTIVE.
beautiful, great-looking.

**hervir** VERB. to boil.

**héroe** NOUN (m). hero.

**hidalgo** NOUN (m). gentry,
feudal lord.

**hidratante** ADJECTIVE.
moisturizer.

**hidrógeno** NOUN (m).
hydrogen.

**hierro** NOUN (m). iron.

**higiene** NOUN (f). hygiene.

**hija** NOUN (f). daughter.

**hijo** NOUN (m). son.

**hipócrita** NOUN (m)(f).
hypocrite.

**hipótesis** NOUN (f).
hypothesis.

**hispanoamericano**
ADJECTIVE. Hispano-
American.

**histeria** NOUN (f). hysteria.

**histérico** ADJECTIVE.
hysterical.

**historia** NOUN (f). history,
story.

**histórico** ADJECTIVE.
historic.

**híjole** EXCLAMATION. wow,
whoa. [used to denote
surprise or the state of
being impressed - Mexico,
El Salvador, Honduras,
Costa Rica]

**hnos.** ABBREV. brothers,
siblings, brothers and
sisters. [hermanos]

**hogar** NOUN (m). home.

**hogareño** ADJECTIVE.
home-loving.

**hoguera** NOUN (f). bonfire.

**hoja** NOUN (f). sheet.

**hola** EXCLAMATION. hello,
hi.

**hola** EXCLAMATION. hello.

**Holanda** PROPER NOUN.
Holland.

**hombre** EXCLAMATION.
hey, man.

**hombre** NOUN (m). man.

**hombro** NOUN (m).
shoulder.

**homenaje** NOUN (m).
tribute.

**homosexual** ADJECTIVE.
homosexual.

**honesto** ADJECTIVE.
honest.

**honra** NOUN (f). dignity.

**honrado** ADJECTIVE.
honored.

**hora** NOUN (f). time.

**horario** NOUN (m).
schedule, time table.
**horno** NOUN (m). oven.
**horóscopo** NOUN (m).
horoscope.
**horrible** ADJECTIVE.
horrible.
**horror** NOUN (m). horror.
**hortelano** NOUN (m).
vegetable grower.
**hospital** NOUN (m).
hospital.
**hospitalario** ADJECTIVE.
welcoming, hospitable.
**hostelería** NOUN (f). hotel
management, catering.
**hostia** EXCLAMATION. jeez.
[expression of surprise -
Spain, vulgar]
**hotel** NOUN (m). hotel.
**hoy** ADVERB. today.

**hueco** NOUN (m). gap.
**huelga** NOUN (f). strike.
**hueso** NOUN (m). bone.
**huevo** NOUN (m). egg.
**huir** VERB. to run away
from.
**humanidad** NOUN (f).
humanity, mankind.
**humildad** NOUN (f).
humility, modesty.
**humo** NOUN (m). smoke.
**humor** NOUN (m). humour.
**hundimiento** NOUN (m).
sinking.
**huy** EXCLAMATION.
expression of pain,
anguish, fright.
**húmedo** ADJECTIVE.
humid.
**húngaro** ADJECTIVE.
Hungarian.

# I - i

**I** ABBREV. illustrious
(honorific term of address).
[ilustre]
**ida** NOUN (f). one way.
**ida y vuelta** PHRASE.
round trip, return trip.
**idea** NOUN (f). idea.
**ideal** ADJECTIVE. ideal.

**idear** VERB. to run an idea
by someone.
**identidad** NOUN (f).
identity.
**identificarse** R. VERB. to
introduce oneself.
**ideología** NOUN (f).
ideology.

**idioma**  NOUN (m).
language, foreign
language.
**idiota**  NOUN (m)(f). idiot.
**iglesia**  NOUN (f). church.
**ignorancia**  NOUN (f).
ignorance.
**igual**  ADJECTIVE. same as,
equal.
**igualdad**  NOUN (f).
equality.
**igualmente**  ADVERB.
similarly, likewise.
**igualmente**  EXCLAMATION.
likewise, the same to you.
**ilegal**  ADJECTIVE. illegal.
**ilusionado**  ADJECTIVE.
excited.
**ilusión**  NOUN (f).
excitement.
**ilustración**  NOUN (f).
illustration.
**imagen**  NOUN (f). image.
**imaginación**  NOUN (f).
imagination.
**imaginar**  VERB. to
imagine.
**imaginario**  ADJECTIVE.
imaginary.
**imaginativo**  ADJECTIVE.
imaginative.
**imbécil**  ADJECTIVE. stupid.
**impaciente**  ADJECTIVE.
impatient.

**impactante**  ADJECTIVE.
striking.
**impar**  ADJECTIVE. odd
(number).
**impartir**  VERB. to teach,
impart.
**impecable**  ADJECTIVE.
impeccable.
**imperativo**  NOUN (m).
imperative, essential.
**imperio**  NOUN (m). empire.
**implacable**  ADJECTIVE.
relentless.
**implantación**  NOUN (f).
implantation.
**implante**  NOUN (m).
implant.
**imponer**  VERB. to impose.
**importante**  ADJECTIVE.
important.
**importar**  VERB. to mind.
**imposibilitar**  VERB. to
make impossible.
**imposible**  ADJECTIVE.
impossible.
**imprenta**  NOUN (f).
printing press, printing
house, printeers.
**impresionar**  VERB. to
impress.
**impresionista**
ADJECTIVE. impressionist.
**impresión**  NOUN (f).
impression.

**impresora** NOUN (f). printer.

**imprimir** VERB. to print.

**impuesto** NOUN (m). tax, duty, levy.

**impulsar** VERB. impel, drive forward.

**impunidad** NOUN (f). impunity.

**inauguración** NOUN (f). inauguration.

**inaugurar** VERB. to inaugurate.

**incendio** NOUN (m). fire.

**incertidumbre** NOUN (f). uncertainty.

**incluido** ADJECTIVE. included.

**incluir** VERB. to include.

**incluso** ADVERB. even.

**incompatible** ADJECTIVE. incompatible.

**incompleto** ADJECTIVE. incomplete.

**inconsciente** ADJECTIVE. unconscious.

**inconveniente** NOUN (m). disadvantage.

**incorporación** NOUN (f). inclusion, incorporation.

**incorporarse** R. VERB. to join (workplace).

**increíble** ADJECTIVE. incredible.

**incrementar** VERB. to increase.

**indecisión** NOUN (f). indecision.

**indeciso** ADJECTIVE. undecided.

**indemnización** NOUN (f). compensation.

**independencia** NOUN (f). independency.

**independiente** ADJECTIVE. independent.

**indicar** VERB. to show.

**indicativo** NOUN (m). indicative.

**indiferente** ADJECTIVE. indifferent.

**indiscreto** ADJECTIVE. indiscreet.

**indispensable** ADJECTIVE. essential.

**indisposición** NOUN (f). indisposition.

**individual** ADJECTIVE. individual.

**individuo** NOUN (m)(f). individual.

**industrializar** VERB. to industrialize.

**inestabilidad** NOUN (f). instability.

**inexcusable** ADJECTIVE. inexcusable.

**inexperto** ADJECTIVE.
novice, unskilled,
inexperienced.
**infancia** NOUN (f).
childhood, infancy.
**infantil** ADJECTIVE. child-
like, infantile.
**inferioridad** NOUN (f).
inferiority.
**infernal** ADJECTIVE.
infernal, hideous, terrible,
unbearable, hellish.
**infestado** ADJECTIVE.
infested.
**infierno** NOUN (m). hell.
**infinitivo** NOUN (m).
infinitive.
**infinito** ADJECTIVE. infinite.
**influencia** NOUN (f).
influence.
**influir** VERB. to influence.
**información** NOUN (f).
information.
**informal** ADJECTIVE.
informal.
**informar** VERB. to inform.
**informativo** NOUN (m).
news, newscast, news
bulletin.
**informática** NOUN (f). IT
(information technology).
**informático** NOUN (m). IT
consultant/computer
expert.

**infraestructura** NOUN (f).
infrastructure.
**ingeniero** NOUN (m).
engineer.
**ingenioso** ADJECTIVE.
ingenious.
**ingenuo** ADJECTIVE. naive.
**Inglaterra** NOUN (f).
England.
**inglés** NOUN (m). English.
**ingrato** ADJECTIVE.
ungrateful, unpleasant.
**ingrediente** NOUN (m).
ingredient.
**ingresar** VERB. to go into,
enter, matriculate.
**ingreso** NOUN (m).
entrance, income.
**inherente** ADJECTIVE.
inherent.
**inicial** ADJECTIVE. initial.
**iniciales** NOUN (m). initials.
**iniciar** VERB. to begin,
start.
**inicio** NOUN (m). start,
beginning.
**inmaduro** ADJECTIVE.
immature.
**inmediatamente**
ADVERB. immediately.
**inmediato** ADJECTIVE.
sudden.
**inmenso** ADJECTIVE.
enormous.

**inmidiatez** NOUN (f). immediacy.

**inmigración** NOUN (f). immigration.

**inmigrante** NOUN (m)(f). immigrant.

**inmortalizar** VERB. to be immortalized.

**inocencia** NOUN (f). innocence.

**inodoro** NOUN (m). toilet, loo.

**inolvidable** ADJECTIVE. unforgettable.

**inquietud** NOUN (f). worry.

**inseguro** ADJECTIVE. insecure, unsafe.

**insomnio** NOUN (m). insomnia.

**insólito** ADJECTIVE. unusual, one-of-a-kind.

**inspección** NOUN (f). inspection.

**inspirar** VERB. to inspire.

**instalación** NOUN (f). installation.

**instante** NOUN (m). instant.

**instinto** NOUN (m). instinct.

**instrucción** NOUN (f). instruction.

**integración** NOUN (f). integration.

**inteligente** ADJECTIVE. intelligent.

**intención** NOUN (f). intention.

**intensamente** ADVERB. intensely.

**intensidad** NOUN (f). intensity.

**intenso** ADJECTIVE. intense.

**intentar** VERB. to try, attempt.

**intento** NOUN (m). attempt.

**interacción** NOUN (f). interaction.

**intercambio** NOUN (m). exchange.

**interesante** ADJECTIVE. interesting.

**interés** NOUN (m). interest.

**interior** NOUN (m). inland.

**interlocutor** NOUN (m). speaker.

**internacional** ADJECTIVE. international.

**internet** NOUN (m). internet.

**interpretar** VERB. to play (a character).

**interrogación** NOUN (f). interrogation.

**interrogativo** NOUN (m). interrogative.

**interruptor** NOUN (m). switch.

**intervención** NOUN (f). operation.

**intransferible** ADJECTIVE. non-transferable.

**intriga** NOUN (f). intrigue.

**introducción** NOUN (f). introduction.

**introvertido** ADJECTIVE. introverted.

**intrusismo** NOUN (m). quackery.

**intruso** NOUN (m). intruder.

**inundación** NOUN (f). flooding.

**inundarse** R. VERB. to be flooded with.

**invadir** VERB. to invade.

**invariable** ADJECTIVE. invariable.

**inventar** VERB. to invent.

**invento** NOUN (m). invention.

**inventor** NOUN (m). inventor.

**invernal** ADJECTIVE. wintry.

**inverosímil** ADJECTIVE. unlikely, unbelievable.

**investidura** NOUN (f). swearing in, investiture.

**investigación** NOUN (f). investigation.

**invierno** NOUN (m). winter.

**invitación** NOUN (f). invitation.

**invitado** NOUN (m). guest.

**invitar** VERB. to invite.

**inyección** NOUN (f). injection, shot.

**ir** VERB. to go.

**ir de bar en bar** VERB PHRASE. to go bar hopping.

**ir de compras** VERB PHRASE. to go shopping.

**ir de copeo** VERB PHRASE. to go out for drinks.

**iraní** ADJECTIVE. Iranian.

**Irlanda** PROPER NOUN. Ireland.

**irónico** ADJECTIVE. ironic.

**irregular** ADJECTIVE. irregular.

**irregularidad** NOUN (f). irregularity.

**irse de marcha** VERB PHRASE. to go out to bars (or club).

**isla** NOUN (f). island.

**Islas Canarias** PROPER NOUN. Canary Islands.

**istmo** NOUN (m). isthmus.

**Italia** PROPER NOUN. Italy.

**italiano** ADJECTIVE. Italian.

**itinerario** NOUN (m). itinerary.

**IVA** ABBREV. VAT, value-added tax. [impuesto de valor agregado]

**izquierda** ADJECTIVE. left.

**I.V.A.** NOUN (m). VAT.

# J - j

**ja** EXCLAMATION. ha.
[representation of laughter]
**jabón** NOUN (m). soap.
**jacuzzi** NOUN (m). jacuzzi.
**jaja** EXCLAMATION. haha.
**jamás** ADVERB. never.
**jamón** NOUN (m). ham.
**jamón serrano** NOUN (m).
cured ham.
**japonés** ADJECTIVE.
Japanese.
**Japón** PROPER NOUN.
Japan.
**jarabe** NOUN (m). syrup.
**jardín** NOUN (m). garden.
**jefe** NOUN (m). boss.
**Jefe del Estado** PROPER
NOUN. Head of State.
**jerga** NOUN (f). slang.
**jeringuilla** NOUN (f).
syringe.
**jeroglífico** NOUN (m).
hieroglyphics.
**jersey** NOUN (m). sweater,
jumper.
**Jesús** EXCLAMATION. bless
you, gesundheit. [said
after a sneeze]
**jo** EXCLAMATION. stop,
whoa. [especially when
commanding a horse]

**jornalero** NOUN (m). day
laborer.
**joven** ADJECTIVE. young.
**jubilación** NOUN (f).
retirement.
**jubilado** ADJECTIVE.
retired.
**jubilarse** R. VERB. to retire.
**juerga** NOUN (f). binge,
revelry, good time.
**jueves** NOUN (m).
Thursday.
**jugar** VERB. to play.
**juguete** NOUN (m). toy.
**juguetear** VERB. to play.
**julio** NOUN (m). July.
**junco** NOUN (m). junk, reed.
**junio** NOUN (m). June.
**junta militar** NOUN (f).
military junta.
**juntos** ADJECTIVE.
together.
**jurado** NOUN (m). sworn
jury.
**jurar** VERB. to swear.
**justificar** VERB. to justify.
**justo** ADJECTIVE. right.
**juvenil** ADJECTIVE. juvenile.
**juventud** NOUN (f). youth.
**juzgado** NOUN (m). registry
office.

# K - k

**kilo** NOUN (m). kilo.

**kilómetro** NOUN (m). kilometre.

# L - l

**La Habana** PROPER NOUN. Havana.

**laberinto** NOUN (m). maze, laberinth.

**labio** NOUN (m). lip.

**labor** NOUN (f). labor, job.

**laboratorio** NOUN (m). laboratory.

**ladrador** ADJECTIVE. barking.

**ladrar** VERB. to bark.

**ladrón** NOUN (m). thief.

**lamentable** ADJECTIVE. lamentable.

**lamentarse** R. VERB. to complain, regret, lament.

**lanzamiento** NOUN (m). launch, throw, shot, pitch (baseball).

**largo** ADJECTIVE. long.

**lata** NOUN (f). can, tin.

**laureado** NOUN (m). award-winning.

**lavabo** NOUN (m). wash-basin.

**lavadora** NOUN (f). washing machine.

**lavar** VERB. to wash.

**lavarse los dientes** VERB PHRASE. to brush one's teeth.

**lazo** NOUN (m). ribbon, bow, lasso.

**lágrima** NOUN (f). tear.

**lámpara** NOUN (f). lamp.

**lápiz** NOUN (m). pencil.

**lección** NOUN (f). lesson.

**leche** EXCLAMATION. shit. [vulgar, Spain]

**leche** NOUN (f). milk.

**lechuga** EXCLAMATION. Expresses anger, upset, or annoyance. Euphemism for leche. [informal, euphemistic]

**lechuga** NOUN (f). lettuce.

**lectura** NOUN (f). reading.

64

**leer** VERB. to read.

**legal** ADJECTIVE. legal.

**legalmente** ADVERB. legally.

**legumbre** NOUN (m). pulse (vegetable group).

**lejano** ADJECTIVE. far off, distant.

**lejos** ADJECTIVE. far from.

**lema** NOUN (m). slogan.

**lengua** NOUN (f). language, tongue.

**lengua extranjera** NOUN (f). foreign language.

**lenguaje** NOUN (m). language, slang.

**lenteja** NOUN (f). lentil.

**lento** ADJECTIVE. slow.

**leña** NOUN (f). firewood.

**letra** NOUN (f). letter.

**letra mayúscula** NOUN (f). capital letter.

**letras** NOUN (f). text, lyrics.

**letrero** NOUN (m). sign, notice.

**levantamiento** NOUN (m). uprising.

**levantar** VERB. to lift, raise, pick up.

**levantarse** R. VERB. to get up.

**levantino** ADJECTIVE. from the Levante.

**leve** ADJECTIVE. slight.

**ley** NOUN (f). law.

**ley seca** NOUN (f). prohibition.

**léxico** NOUN (m). vocabulary, lexicon.

**liado** ADJECTIVE. busy, stressed.

**liarse** R. VERB. to get caught up, be in trouble.

**libertad** NOUN (f). liberty.

**libertinaje** NOUN (m). free-living, hedonism.

**librería** NOUN (f). bookstore.

**libro** NOUN (m). book.

**licenciarse** R. VERB. to get a degree in.

**licenciatura** NOUN (f). honors degree (university).

**licenciatura** NOUN (f). degree (in).

**licor** NOUN (m). liqueur.

**liga** NOUN (f). league.

**ligar** VERB. to hook up with (a girl/boy).

**ligero** ADJECTIVE. light.

**ligón** NOUN (m). flirt.

**limitado** ADJECTIVE. limited.

**limpiar** VERB. to clean.

**limpieza** NOUN (f). cleanliness.

**limpio** ADJECTIVE. clean.

**lindo** ADJECTIVE. lovely.

**linterna** NOUN (f). flashlight, torch, lamp, lantern.

**liposucción**   NOUN (f).
liposuction.

**liquidación**   NOUN (f).
clearance sale.

**liso**   ADJECTIVE. flat,
smooth.

**lista**   NOUN (f). list.

**lista de boda**   NOUN (f).
wedding list.

**lista de la compra**
NOUN (f). shopping-list.

**litera**   NOUN (f). bunk, berth,
litter, couchette.

**literario**   ADJECTIVE.
literary.

**literatura**   NOUN (f).
literature.

**litografía**   NOUN (f).
lithography.

**lícito**   ADJECTIVE. licit,
lawful.

**líder**   NOUN (m). leader.

**línea**   NOUN (f). line.

**línea aérea**   NOUN (f).
airline.

**lío**   NOUN (m). mess, affair.

**líquido**   ADJECTIVE. liquid.

**llama**   NOUN (f). flame.

**llamada**   NOUN (f). phone
call.

**llamar**   VERB. to call.

**llamarse**   R. VERB. to be
called.

**llave**   NOUN (f). key.

**llegada**   NOUN (f). arrival.

**llegar**   VERB. to arrive.

**lleno**   ADJECTIVE. full.

**llevar**   VERB. to take, carry,
wear.

**llevar a cabo**   VERB
PHRASE. to carry out.

**llevarse**   R. VERB. to get on
with.

**llorar**   VERB. to cry.

**llover**   VERB. to rain.

**llovizna**   NOUN (f). drizzle.

**lluvia**   NOUN (f). rain.

**lo menos posible**
PHRASE. as little as
possible.

**lo mismo**   PHRASE. the
same.

**lo siento**   EXCLAMATION.
sorry.

**lo siento**   EXCLAMATION. I
am sorry.

**lobo**   NOUN (m). wolf.

**local**   NOUN (m). bar.

**loción**   NOUN (f). lotion.

**loco**   ADJECTIVE. crazy.

**locución**   NOUN (f).
expression.

**locura**   NOUN (f). craziness.

**locutor**   NOUN (m).
announcer, newsreader.

**longevo**   ADJECTIVE. long
living.

**los demás**   NOUN (m). the
others.

**lotería**   NOUN (f). lottery.

**lógica** NOUN (f). logic.
**lucha** NOUN (f). fight.
**luchar** VERB. to fight.
**lucir** VERB. to wear.
**luego** ADVERB. later.
**lufa** NOUN (f). loofah.
**lugar** NOUN (m). place.
**lujo** NOUN (m). luxury.
**luminoso** ADJECTIVE. light, luminous.

**luna** NOUN (f). moon.
**luna de miel** NOUN (f). honeymoon.
**lunes** NOUN (m). Monday.
**luz** NOUN (f). light.
**luz solar** NOUN (f). sunlight.
**lúdico** ADJECTIVE. recreational.

# M - m

**m** ABBREV. Used in SMS for me. [me]
**macizo** ADJECTIVE. solid.
**madera** NOUN (f). wood.
**madre** NOUN (f). mother.
**madrileño** NOUN (m). from Madrid.
**madrugada** NOUN (f). dawn.
**madrugar** VERB. to get up early.
**maestro** NOUN (m). teacher, master.
**magia** NOUN (f). magic.
**magnolio** NOUN (m). magnolia.
**magrebí** ADJECTIVE. from the Magreb.
**maíz** NOUN (m). corn, maize.
**majo** ADJECTIVE. nice.

**mal** ADVERB. badly.
**mala suerte** EXCLAMATION. bad luck, tough luck.
**maldito** EXCLAMATION. damn.
**maleducado** ADJECTIVE. rude.
**malentendido** NOUN (m). misunderstanding.
**maleta** NOUN (f). suitcase.
**malícia** NOUN (f). malice.
**maltratar** VERB. to mistreat.
**malvado** NOUN (m). villain, wicked person.
**mamario** ADJECTIVE. mammary, breast.
**mancha** NOUN (f). stain.
**manchar** VERB. to stain.

**manchego** ADJECTIVE.
from Castile- La Mancha.

**manco** ADJECTIVE. one-
armed.

**mandar** VERB. send.

**mando a distancia**
NOUN (m). remote control.

**manera** NOUN (f). way.

**manga** NOUN (f). sleeve.

**manifestación** NOUN (f).
demonstration.

**manifestar** VERB. to show,
demonstrate, declare.

**manía** NOUN (f). mania.

**mano** NOUN (f). hand.

**manta** NOUN (f). blanket.

**mantener** VERB. to keep.

**mantener**
**correspondencia**
VERB PHRASE. to
correspond with.

**manual** NOUN (m). manual.

**manualidades** NOUN (f).
handicrafts.

**manzana** NOUN (f). apple.

**manzanilla** NOUN (f). dry
sherry, camomile.

**mañana** NOUN (f).
tomorrow, morning.

**mapa** NOUN (m). map.

**mapamundi** NOUN (m).
world map.

**maqueta** NOUN (f). pattern,
draft.

**maquillaje** NOUN (m).
make-up.

**maquillarse** R. VERB. to
put one's make up on.

**maquinista** NOUN (m)(f).
engine driver, engineer.

**mar** NOUN (m)(f). sea.

**marcagoles** NOUN (m).
goal-getter, striker.

**marcar** VERB. to mark.

**marco** NOUN (m). frame.

**mareado** ADJECTIVE.
dizzy.

**marido** NOUN (m).
husband.

**mariposa** NOUN (f).
butterfly.

**marisco** NOUN (m).
seafood.

**marketing** NOUN (m).
marketing.

**marroquinería** NOUN (f).
leather industry, leather
goods.

**marrón** ADJECTIVE. brown.

**martes** NOUN (m). Tuesday.

**maruja** NOUN (f). gossip,
house-proud.

**marzo** NOUN (m). March.

**masaje** NOUN (m).
massage.

**mascota** NOUN (f). mascot,
pet.

**masificado** ADJECTIVE. overcrowded, oversubscribed.

**matar** VERB. to kill.

**Matemáticas** PROPER NOUN. Mathematics.

**materia** NOUN (f). subject, material.

**material** NOUN (m). material.

**materno** ADJECTIVE. maternal.

**matinal** ADJECTIVE. morning.

**matorral** NOUN (m). bushes, thicket.

**matricularse** R. VERB. to enroll, to register.

**matrimonio** NOUN (m). married couple.

**matrícula** NOUN (f). enrolment, license plate.

**Matusalén** PROPER NOUN. Methuselah.

**maya** ADJECTIVE. Maya.

**mayo** NOUN (m). May.

**mayor** NOUN (m). the oldest.

**mayordomo** NOUN (m). butler.

**mayores** NOUN (m). older people.

**mayoritariamente** ADVERB. the majority (of).

**mayoría** NOUN (f). majority.

**más** PREPOSITION. plus.

**más alto** PHRASE. louder.

**más despacio** PHRASE. slower.

**más que** PHRASE. more than.

**MC** ABBREV. Michoacán. [Mexican state]

**me vale** EXCLAMATION. I don't care. [Mexico]

**mecánico** NOUN (m). mechanic.

**mecha** NOUN (f). highlight (hair).

**mechero** NOUN (m). lighter.

**media** ADJECTIVE. half.

**medianoche** NOUN (f). midnight.

**mediante** PREPOSITION. by means of.

**medicina** NOUN (f). medicine.

**medio de transporte** NOUN (m). means of transport.

**mediodía** NOUN (m). noon.

**medios** NOUN (m). means.

**medios de comunicación** NOUN (m). media.

**medir** VERB. to measure.

**Mediterráneo** PROPER NOUN. Mediterranean.

**mejillón** NOUN (m). mussel.

**mejor** ADJECTIVE. better.

**mejorar** VERB. to improve.

**melón** NOUN (m). melon.

**mencionar** VERB. to mention.

**menor** ADJECTIVE. younger.

**menos** ADJECTIVE. minus, less.

**menos mal** EXCLAMATION. phew.

**menos que** PHRASE. less than.

**mensaje** NOUN (m). message.

**mensual** ADJECTIVE. monthly.

**mensualidad** NOUN (f). monthly payment.

**menta** NOUN (f). mint.

**mentalmente** ADVERB. mentally.

**mentir** VERB. to lie.

**mentira** NOUN (f). lie.

**menú** NOUN (m). menu.

**mercado** NOUN (m). market.

**merendar** VERB. to have a snack.

**merluza** NOUN (f). hake.

**mes** NOUN (m). month.

**mesa** NOUN (f). table.

**mesilla de noche** NOUN (f). bedside table.

**mesón** NOUN (m). inn, typical restaurant.

**meta** NOUN (f). finishing line.

**meter** VERB. to put in.

**meterse** R. VERB. to get involved.

**metro** NOUN (m). metro.

**mexicano** ADJECTIVE. Mexican.

**mezclar** VERB. to mix.

**mezquita** NOUN (f). mosque.

**médico** NOUN (m). doctor.

**médium** NOUN (m). medium.

**método** NOUN (m). method.

**México** PROPER NOUN. Mexico.

**miau** EXCLAMATION. meow. [the sound a cat makes]

**microondas** NOUN (m). microwave.

**miedo** NOUN (m). fear.

**miembro** NOUN (m). member.

**mientras** ADVERB. meanwhile.

**miéchica** EXCLAMATION. damn, blast it. [colloquial]

**miércoles** EXCLAMATION. shoot. [euphemism for 'mierda']

**miércoles** NOUN (m). Wednesday.

**mil** ADJECTIVE. thousand.

**militancia** NOUN (f). militancy.

**millón** NOUN (m). million.

**mimar** VERB. to spoil (someone).

**ministro** NOUN (m). minister.

**minuto** NOUN (m). minute.

**mirar** VERB. to watch.

**mirón** NOUN (m). onlooker, voyeur, busybody.

**misa** NOUN (f). mass.

**mismo** ADJECTIVE. same.

**misógino** NOUN (m). misogynist.

**misterio** NOUN (m). mystery.

**misterioso** ADJECTIVE. mysterious.

**mitad** NOUN (f). half.

**mixto** ADJECTIVE. mixed.

**mímica** NOUN (f). mimic.

**ML** ABBREV. Morelos. [Mexican state]

**mobiliario** NOUN (m). furniture.

**mochila** NOUN (f). backpack.

**modelo** NOUN (m). model.

**moderado** ADJECTIVE. moderate.

**modernista** ADJECTIVE. modernist.

**moderno** ADJECTIVE. modern.

**modesto** ADJECTIVE. modest.

**molar** VERB. to appeal (to someone).

**molestar** VERB. to disturb, annoy.

**momento** NOUN (m). moment.

**monarca** NOUN (m). monarch.

**monarquía** NOUN (f). monarchy.

**moneda** NOUN (f). coin.

**monje** NOUN (m). monk.

**mono** NOUN (m). monkey.

**monolingüe** ADJECTIVE. monolingual.

**montaña** NOUN (f). mountain.

**montar** VERB. to set up, create.

**monumento** NOUN (m). monument.

**morado** ADJECTIVE. violet.

**moraleja** NOUN (f). moral.

**morcilla** NOUN (f). blood sausage.

**moreno** ADJECTIVE. dark-haired, brown.

**morfología** NOUN (f). morphology.

**morir** VERB. to die.

**mostrador** NOUN (m). counter.

**mota** NOUN (f). speck, spot.

**mote** NOUN (m). nickname.
**motivo** NOUN (m). reason.
**moto** NOUN (f). motorcycle.
**mover** VERB. to move.
**movilidad** NOUN (f). mobility.
**movimiento** NOUN (m). movement.
**módulo** NOUN (m). module.
**móvil** NOUN (m). mobile.
**muchacha** NOUN (f). gal, girl.
**muchacho** NOUN (m). lad, boy.
**muchas gracias** EXCLAMATION. thank you very much.
**muchas veces** ADVERB. often.
**muchísimas gracias** EXCLAMATION. thank you very very much.
**muchísimo** ADJECTIVE. very much.
**mucho** ADJECTIVE. much.
**mucho gusto** EXCLAMATION. nice to meet you.
**mudo** ADJECTIVE. dumb.
**mueble** NOUN (m). furniture.
**muela** NOUN (f). molar (tooth).
**muerte** NOUN (f). death.

**muerto** ADJECTIVE. dead.
**mujer** NOUN (f). wife, woman.
**mujeriego** NOUN (m). womanizer.
**multiplicar** VERB. multiply.
**mundial** ADJECTIVE. world-wide.
**mundo** NOUN (m). world.
**mundo laboral** NOUN (m). working world.
**municipio** NOUN (m). municipality.
**muñeca** NOUN (f). puppet, doll, wrist.
**muro** NOUN (m). wall.
**musculoso** ADJECTIVE. muscular.
**museo** NOUN (m). museum.
**muslo** NOUN (m). thigh.
**musulmán** NOUN (m). Muslim.
**mutuo** ADJECTIVE. mutual.
**muy** ADVERB. very.
**música** NOUN (f). music.
**música pop** NOUN (f). pop-music.
**músico** NOUN (m). musician.
**MX** ABBREV. México. [Mexican state]
**m.** ABBREV. noon. [mediodía]
**Mª** ABBREV. María. [Maria]

# N - n

**NA** ABBREV. Nayarit. [Mexican state]

**nacer** VERB. to be born.

**nacimiento** NOUN (m). birth.

**nacionalidad** NOUN (f). nationality.

**nación** NOUN (f). nation.

**nada** PRONOUN. nothing.

**nadar** VERB. to swim.

**nadie** PRONOUN. no one.

**naipes** NOUN (m). deck of cards, pack of cards.

**naranja** NOUN (f). orange.

**nariz** NOUN (f). nose.

**narración** NOUN (f). narration.

**narrar** VERB. to narrate.

**natación** NOUN (f). swimming.

**natal** ADJECTIVE. birth.

**nativo** ADJECTIVE. native.

**natural de** PHRASE. from.

**naturaleza** NOUN (f). nature.

**navarro** ADJECTIVE. from Navarre.

**navegar** VERB. to sail, fly, surf (the internet).

**Navidad** PROPER NOUN. Christmas.

**navío** NOUN (m). boat, ship.

**Nápoles** PROPER NOUN. Naples.

**náutico** ADJECTIVE. nautical.

**necesario** ADJECTIVE. necessary.

**necesidad** NOUN (f). need.

**necesitar** VERB. to need.

**negación** NOUN (f). negation, refusal.

**negar** VERB. to deny, to refuse.

**negativa** NOUN (f). negative (photography).

**negativo** ADJECTIVE. negative.

**negociar** VERB. to negotiate.

**negocio** NOUN (m). business.

**negro** ADJECTIVE. black.

**nervios** NOUN (m). nerves.

**nervioso** ADJECTIVE. nervous.

**neutro** ADJECTIVE. neutral.

**nevar** VERB. to snow.

**nevera** NOUN (f). fridge.

**nexo** NOUN (m). nexus.

**ni fu ni fa** EXCLAMATION. so so.

**ni hablar!** EXCLAMATION. no way.

**niebla** NOUN (f). fog.
**nieto** NOUN (m). grandson.
**nieve** NOUN (f). snow.
**ninguna vez** ADVERB.
 never.
**niñez** NOUN (f). childhood.
**niño** NOUN (m). child.
**nivel** NOUN (m). level.
**níquel** NOUN (m). nickel.
**NL** ABBREV. Nuevo León.
 [Mexican state]
**no fumador** NOUN (m).
 non smoker.
**no hay problema**
 EXCLAMATION. no problem.
**no parar de ...** VERB
 PHRASE. to not stop + verb.
**no te importa** VERB
 PHRASE. you don't mind,
 you don't care.
**noche** NOUN (f). night.
**Nochebuena** PROPER
 NOUN. Christmas Eve.
**Nochevieja** PROPER
 NOUN. New Years Eve.
**noción** NOUN (f). idea,
 notion.
**noctámbulo** NOUN (m).
 sleep-walker.
**nocturno** ADJECTIVE.
 nighttime, evening,
 nocturnal.
**nombrar** VERB. to name.
**nombre** NOUN (m). name.
**norma** NOUN (f). rule.

**normalmente** ADVERB.
 normally.
**norte** NOUN (m). North.
**nos vemos** EXCLAMATION.
 cheers, goodbye, see you
 later.
**nostalgia** NOUN (f).
 nostalgia.
**nota** NOUN (f). note, mark.
**notable** ADJECTIVE.
 notable.
**notas** NOUN (f). notes.
**noticia de actualidad**
 NOUN (f). latest (breaking)
 news.
**noticias** NOUN (f). news.
**novela** NOUN (f). novel.
**noventa** NUMBER. ninety.
**novia** NOUN (f). bride,
 girlfriend.
**noviazgo** NOUN (m).
 engagement, relationship.
**noviembre** NOUN (m).
 November.
**nube** NOUN (f). cloud.
**nublado** ADJECTIVE.
 cloudy.
**nuca** NOUN (f). neck.
**nuevas tecnologías**
 NOUN (f). new technologies.
**nueve** NUMBER. nine.
**nuevo** ADJECTIVE. new.
**numerado** ADJECTIVE.
 numbered.
**nunca** ADVERB. never.

**número**  NOUN (m). number.
**número cardinal**  NOUN
(m). cardinal number.

**núm.**  ABBREV. No.,
number.
**nº**  ABBREV. No., number.
[número]

# Ñ - ñ

**ñam ñam ñam**
EXCLAMATION. nom nom
nom.

**ñau**  EXCLAMATION. meow,
miaow.
**ñew**  EXCLAMATION. mew,
meow, miaow. [Chile]

# O - o

**OA**  ABBREV. Oaxaca.
[Mexican state]
**obeso**  ADJECTIVE. obese.
**obispo**  NOUN (m). bishop.
**objetivo**  NOUN (m).
objective.
**objeto**  NOUN (m). object.
**objeto indirecto**  NOUN
(m). indirect object.
**obligación**  NOUN (f).
obligation.
**obligar**  VERB. to force,
oblige.
**obligatorio**  ADJECTIVE.
obligatory.
**obra**  NOUN (f). work.
**obra cumbre**  NOUN (f).
masterpiece.

**obra de teatro**  NOUN (f).
play.
**obra maestra**  NOUN (f).
masterpiece.
**obras**  NOUN (f).
construction site, building
works.
**obrero**  NOUN (m). worker,
workman.
**observar**  VERB. to
observe.
**obsesionarse**  R. VERB.
to be obsessed.
**obstrucción**  NOUN (f).
obstacle.
**obtener**  VERB. to obtain.
**ocasión**  NOUN (f).
opportunity.

**Oceanía** PROPER NOUN. Oceania.

**ochenta** NUMBER. eighty.

**ocho** NUMBER. eight.

**ocio** NOUN (m). free time, leisure.

**octubre** NOUN (m). October.

**ocultar** VERB. to hide.

**ocupar** VERB. to occupy.

**ocuparse** R. VERB. to take care of something.

**ocurrir** VERB. to happen.

**odiar** VERB. to hate.

**oeste** NOUN (m). West.

**oferta** NOUN (f). offer.

**oficial** ADJECTIVE. official.

**oficina** NOUN (f). office.

**ofrecer** VERB. to offer.

**ofrenda sagrada** NOUN (f). religious offence.

**oh** EXCLAMATION. oh. [expression of awe, surprise, pain or realization]

**oido** NOUN (m). hearing.

**oír** VERB. to hear.

**ojalá** EXCLAMATION. I hope so, hopefully.

**ojalá** EXCLAMATION. I hope so, let's hope so, God willing.

**ojo** EXCLAMATION. watch out, take note.

**ojo** NOUN (m). eye.

**ojo** EXCLAMATION. look out, watch out.

**oler** VERB. to smell.

**olé** EXCLAMATION. expression of encouragement and approval.

**oliva** NOUN (f). olive.

**olor** NOUN (m). smell.

**olvidar** VERB. to forget.

**once** NUMBER. eleven.

**onírica** ADJECTIVE. dreamlike, oneiric.

**ONU** NOUN (f). UN.

**opción** NOUN (f). option.

**operación** NOUN (f). operation.

**operar** VERB. to operate.

**opinar** VERB. to think.

**opinión** NOUN (f). opinion.

**oportunidad** NOUN (f). opportunity.

**oposición** NOUN (f). opposition.

**optar** VERB. to decide to.

**optimista** NOUN (m)(f). optimist.

**opuesto** ADJECTIVE. opposite.

**oración** NOUN (f). phrase.

**oración de relativo** NOUN (f). relative clause.

**orca** NOUN (f). killer whale.

**orden** NOUN (m). order.

**ordenador** NOUN (m). computer.

**ordenador portátil** NOUN (m). laptop.

**ordenar** VERB. organize.

**oreja** NOUN (f). ear.

**organillo** NOUN (m). barrel organ.

**organizar** VERB. to organize.

**orgullo** NOUN (m). pride.

**orgulloso** ADJECTIVE. proud.

**orientación** NOUN (f). orientation.

**origen** NOUN (m). origin.

**original** ADJECTIVE. original.

**oro** NOUN (m). gold.

**ortografía** NOUN (f). writing.

**oscuro** ADJECTIVE. dark.

**oso** NOUN (m). bear.

**otoño** NOUN (m). autumn, fall.

**OVNI** ABBREV. UFO. [objeto volador no identificado]

**oye** EXCLAMATION. hey.

**oyente** NOUN (m)(f). listener.

# P - p

**paciencia** NOUN (f). patience.

**paciente** NOUN (m)(f). patient.

**padre** NOUN (m). father.

**paella** NOUN (f). typical Spanish rice dish.

**paf** EXCLAMATION. bang.

**pagar** VERB. to pay.

**pagar a medias** VERB PHRASE. to go halves.

**pagar a plazos** VERB PHRASE. to pay in stages.

**pago** NOUN (m). payment.

**paisaje** NOUN (m). countryside.

**paisano** NOUN (m). countryman.

**país** NOUN (m). country.

**País Vasco** PROPER NOUN. Basque Country.

**paje** NOUN (m). page.

**palabra** NOUN (f). word.

**palacio** NOUN (m). palace.

**paladar** NOUN (m). palate.

**palanca** NOUN (f). lever, handle.

**palillo** NOUN (m). toothpick.

**paliza** NOUN (f). beating, thrashing.

**palmadita** NOUN (f). clap.

**palmas** NOUN (f). clapping.

**palo** NOUN (m). stick, club.

**pan** NOUN (m). bread.

**pan tostado** NOUN (m). toast.

**panadería** NOUN (f). bakery.

**pandilla** NOUN (f). gang.

**panel** NOUN (m). board.

**pantalla** NOUN (f). screen.

**pantalones** NOUN (m). trousers.

**pantalones vaqueros** NOUN (m). jeans.

**pañuelo** NOUN (m). handkerchief.

**Papá Noel** PROPER NOUN. Father Christmas.

**papel** NOUN (m). paper, sheet.

**papel higiénico** NOUN (m). toilet paper.

**papelera** NOUN (f). waste paper basket.

**papelería** NOUN (f). stationers.

**paperas** NOUN (f). mumps.

**paquete** NOUN (m). packet.

**par** ADJECTIVE. even (number).

**parada** NOUN (f). stop.

**paradero** NOUN (m). location, whereabouts.

**paradigma** NOUN (m). paradigm.

**paradisíaco** ADJECTIVE. paradisiacal.

**paraguas** NOUN (m). umbrella.

**paraiso** NOUN (m). paradise.

**parapente** NOUN (m). paragliding.

**parar** VERB. to stop.

**parcialmente** ADVERB. partly.

**parece que** PHRASE. it seems like.

**parecer** VERB. to seem.

**parecido** NOUN (m). similar.

**pared** NOUN (f). wall.

**pareja** NOUN (f). couple.

**paréntesis** NOUN (m). brackets.

**pariente** NOUN (m)(f). relative.

**parlamento** NOUN (m). parliament.

**paro** NOUN (m). unemployment.

**parque** NOUN (m). park.

**parque acuático** NOUN (m). water park.

**parranda** NOUN (f). spree.

**parte** NOUN (f). part.

**parte** NOUN (m). report, record.

**participar** VERB. to participate in.

**participio** NOUN (m). participant.

**partida** NOUN (f). game.

**partido** NOUN (m). match.

**partido de ajedrez** NOUN (m). chess match.

**pasado** NOUN (m). past.

**pasado mañana** PHRASE. the day after tomorrow.

**pasaje** NOUN (m). passage, fare.

**pasajero** NOUN (m). passenger.

**pasaporte** NOUN (m). passport.

**pasar** VERB. to happen.

**pasar miedo** VERB PHRASE. to be scared.

**pasarlo bomba** VERB PHRASE. to have a great time.

**pasear** VERB. to go for a walk.

**paseo** NOUN (m). walk.

**pasillo** NOUN (m). corridor, hallway, aisle.

**pasión** NOUN (f). passion.

**paso** NOUN (m). step.

**paso del tiempo** NOUN (m). as time goes by.

**pasta** NOUN (f). cash (slang).

**pastel** NOUN (m). pastry, cake.

**pastelería** NOUN (f). patisserie, bakery.

**pastilla** NOUN (f). pill, tablet.

**pastor** NOUN (m). shepherd.

**pata** NOUN (f). leg.

**patas arriba** ADJECTIVE. very untidy.

**patata** NOUN (f). potato.

**patatas fritas** NOUN (f). French fries.

**patinete** NOUN (m). scooter.

**patio** NOUN (m). patio.

**patria** NOUN (f). mother land.

**payaso** NOUN (m). clown.

**payo** NOUN (m). non-gypsy.

**paz** NOUN (f). peace.

**pájaro** NOUN (m). bird.

**pálido** ADJECTIVE. pale.

**párroco** NOUN (m). parish.

**peatón** NOUN (m). pedestrian.

**pecera** NOUN (f). fish bowl.

**pecho** NOUN (m). breast.

**pectorales** NOUN (m). pectoral muscles (pecs).

**peculiar** ADJECTIVE. strange.

**pedazo** NOUN (m). piece,
bit.
**pedir** VERB. to ask for.
**pegar** VERB. to stick.
**pegarse** R. VERB. to fight.
**peinarse** R. VERB. to
comb.
**peine** NOUN (m). comb.
**peladilla** NOUN (f).
sugared almond.
**pelar** VERB. to peel.
**pelear** VERB. to fight.
**pelicula del Oeste**
NOUN (f). western movie.
**peligro** NOUN (m). danger.
**peligroso** ADJECTIVE.
dangerous.
**película** NOUN (f). film,
movie.
**película de vaqueros**
NOUN (f). cowboy movie.
**pelo** NOUN (m). hair.
**pelota** NOUN (f). ball.
**peluca** NOUN (f). wig.
**peludo** ADJECTIVE. hairy.
**peluquería** NOUN (f).
hairdresser.
**peluquero** NOUN (m).
hairdresser.
**pena** NOUN (f). pity.
**pendiente** NOUN (m).
earring.
**Península** PROPER NOUN.
Peninsula.
**pensar** VERB. to think.

**pensativo** ADJECTIVE.
pensive, thoughtful.
**pensión** NOUN (f). pension.
**peña** NOUN (f). rock, cliff,
crowd, club, fan club.
**peonza** NOUN (f). spinning
top.
**peor** ADJECTIVE. worse.
**pepino** NOUN (m).
cucumber.
**pepona** NOUN (f). doll
(paper-mâché).
**pequeño** ADJECTIVE.
small/little.
**pera** NOUN (f). pear.
**percepción** NOUN (f).
perception.
**percha** NOUN (f). clothes
hanger.
**perdedor** NOUN (m). loser.
**perder** VERB. to lose.
**perdición** NOUN (f). ruin.
**perdiz** NOUN (f). partridge.
**perdón** EXCLAMATION.
sorry, pardon me. [excuse
me]
**perezoso** ADJECTIVE. lazy.
**perfectamente** ADVERB.
perfectly.
**perfecto** ADJECTIVE.
perfect.
**perfume** NOUN (m).
perfume.
**periferia** NOUN (f).
periphery.

**periodismo** NOUN (m). journalism.

**periodista** NOUN (m)(f). journalist.

**periódico** NOUN (m). newspaper.

**perífrasis** NOUN (f). paraphrase.

**permanecer** VERB. to stay.

**permiso** NOUN (m). permit.

**permiso** EXCLAMATION. excuse me, pardon me.

**permitir** VERB. to permit.

**pero** CONJUNCTION. but.

**perplejidad** NOUN (f). perplexity.

**perro** NOUN (m). dog.

**persecución** NOUN (f). persecution.

**perseguir** VERB. to pursue, chase.

**persiana** NOUN (f). window blind.

**persona** NOUN (f). person.

**personaje** NOUN (m). character.

**personal** ADJECTIVE. personal.

**persuadir** VERB. to persuade.

**pertenecer** VERB. to belong to.

**pertenencia** NOUN (f). belonging.

**perturbación** NOUN (f). worry, disturbed.

**Perú** PROPER NOUN. Peru.

**pesa** NOUN (f). weight.

**pesadilla** NOUN (f). nightmare.

**pesado** ADJECTIVE. annoying.

**pesar** VERB. to weight.

**pescadería** NOUN (f). fish mongers.

**pescado** NOUN (m). fish.

**pescar** VERB. to fish.

**peso** NOUN (m). weight.

**petición** NOUN (f). request.

**petróleo** NOUN (m). crude oil.

**pez** NOUN (m). fish.

**pérdida** NOUN (f). loss.

**pérdida de tiempo** NOUN (f). waste of time.

**PGR** ABBREV. Attorney General. [La Procuraduría General de la República - Mexico]

**piano** NOUN (m). piano.

**picardía** NOUN (f). craftiness, naughtiness.

**pie** NOUN (m). foot.

**piedra** NOUN (f). stone.

**piel** NOUN (f). skin.

**pierna** NOUN (f). leg.

**pijama** NOUN (m). pajamas.

**pila** NOUN (f). battery.

**pila** NOUN (f). kitchen sink.

**piloto** NOUN (m). pilot, driver.

**pimiento** NOUN (m). pepper.

**pinchar** VERB. to prick, puncture, burst.

**pinchito** NOUN (m). snack, tapa.

**pintalabios** NOUN (m). lipstick.

**pintar** VERB. to paint.

**pintor** NOUN (m). painter.

**pintoresco** ADJECTIVE. picturesque.

**pintura** NOUN (f). painting.

**pinza** NOUN (f). forceps, tweezers.

**pirata** NOUN (m). pirate.

**pirámide** NOUN (f). pyramid.

**Pirineo** PROPER NOUN. Pyrenees.

**piropo** NOUN (m). compliment.

**pisar** VERB. step.

**piscina** NOUN (f). swimming-pool.

**piso** NOUN (m). flat, apartment.

**pista** NOUN (f). slope.

**pisto** NOUN (m). ratatouille.

**pistola** NOUN (f). pistol.

**pizarra** NOUN (f). blackboard.

**pizza** NOUN (f). pizza.

**placer** NOUN (m). pleasure.

**plan** NOUN (m). plan.

**plancha** NOUN (f). iron.

**plano** NOUN (m). map.

**planta** NOUN (f). plant.

**planta del pie** NOUN (f). sole of the foot.

**plantear** VERB. to raise (a question), suggest.

**plantilla** NOUN (f). stencil.

**plata** NOUN (f). silver.

**plato** NOUN (m). plate.

**playa** NOUN (f). beach.

**plaza** NOUN (f). square.

**plaza de toros** NOUN (f). bull ring.

**plazo** NOUN (m). deadline.

**plástico** NOUN (m). plastic.

**plátano** NOUN (m). banana, plaintain.

**pleistoceno** NOUN (m). Pleistocene era (Pre-Historic).

**plenamente** ADVERB. totally, completely.

**pluma** NOUN (f). feather.

**plural** NOUN (m). plural.

**plusmarquista** NOUN (m)(f). record holder.

**población** NOUN (f). population.

**pobre** ADJECTIVE. poor.

**pocas veces** ADVERB. rarely.

**poco** ADJECTIVE. few, not many.

**poco a poco** PHRASE. little by little.

**poder** VERB. can.

**poderes mágicos** NOUN (m). magic powers.

**poesía** NOUN (f). poetry.

**poeta** NOUN (m). poet.

**polémica** NOUN (f). polemic, scandal.

**policía** NOUN (f). police.

**polivalente** ADJECTIVE. versatile, multipurpose.

**político** NOUN (m). politician.

**pollo** NOUN (m). chicken.

**Polo Norte** PROPER NOUN. North Pole.

**polvo** NOUN (m). dust.

**poner** VERB. to put.

**poner en remojo** VERB PHRASE. to soak.

**poner fin a** VERB PHRASE. to end, put an end to.

**poner la mesa** VERB PHRASE. to lay the table.

**ponerse a** VERB PHRASE. to start, put one's mind to.

**ponerse en contacto con** VERB PHRASE. to contact someone.

**popular** ADJECTIVE. popular.

**popularidad** NOUN (f). popularity.

**por** PREPOSITION. multiplied by.

**por anticipado** PHRASE. in advance.

**por Dios** EXCLAMATION. for God's sake, by God.

**por eso** EXCLAMATION. that's what I meant.

**por esta razón** PHRASE. that is why.

**por favor** EXCLAMATION. please.

**por favor** EXCLAMATION. please.

**por lo tanto** PHRASE. so, therefore.

**por mi cuenta** PHRASE. on my own.

**por otra parte** PHRASE. also.

**por separado** PHRASE. separately.

**por supuesto** PHRASE. sure.

**por tanto** PHRASE. so, therefore.

**por un lado** PHRASE. on one hand.

**por último** ADVERB. lastly, finally.

**pormenor** NOUN (m). detail.

**porque** CONJUNCTION. because.

**porras** EXCLAMATION. shit.

**portal** NOUN (m). doorway, portal.

**portarse** R. VERB. to behave.

**portavoz** NOUN (m)(f). spokesman, spokeswoman.

**portátil** NOUN (m). portable, laptop.

**portería** NOUN (f). front desk, goal (soccer), caretaker's office.

**Portugal** PROPER NOUN. Portugal.

**portugúes** ADJECTIVE. Portuguese.

**poseedor** NOUN (m). owner.

**posesión** NOUN (f). possession.

**posesivo** ADJECTIVE. possessive (quality).

**posguerra** NOUN (f). post-war.

**posibilidad** NOUN (f). possibility.

**positivo** ADJECTIVE. positive.

**postal** NOUN (f). postcard.

**posterior** ADJECTIVE. afterwards, a posteriori.

**posteriormente** ADVERB. later.

**postre** NOUN (m). pudding, dessert.

**postura** NOUN (f). posture.

**pozo** NOUN (m). pool.

**practicar** VERB. to practise.

**práctico** ADJECTIVE. practical.

**precario** ADJECTIVE. precarious.

**precaución** NOUN (f). precaution.

**preceder** VERB. to precede.

**precepto** NOUN (m). precept.

**preciarse** R. VERB. to appreciate.

**precio** NOUN (m). price.

**precioso** ADJECTIVE. beautiful, lovely.

**precisamente** ADVERB. precisely.

**precisar** VERB. need.

**preciso** ADJECTIVE. exact.

**predecir** VERB. to predict.

**predicción** NOUN (f). prediction.

**preferencia** NOUN (f). preference.

**preferir** VERB. to prefer.

**prefijo** NOUN (m). prefix.

**pregunta** NOUN (f).
question.
**preguntar** VERB. to ask.
**preguntón** ADJECTIVE.
inquisitive, nosy.
**prejuicio** NOUN (m).
prejudice.
**premio** NOUN (m). prize.
**Premio Nobel** PROPER
NOUN. Nobel Prize.
**premonitorio** ADJECTIVE.
premonitory.
**prenda de vestir** NOUN
(f). item of clothing.
**prensa** NOUN (f). press.
**preocupación** NOUN (f).
worry.
**preocuparse** R. VERB. to
be worried.
**preparar** VERB. to prepare.
**preparar la comida**
VERB PHRASE. make
lunch/dinner.
**preparativo** NOUN (m).
preparation.
**preparativos** NOUN (m).
preparations.
**preposición** NOUN (f).
preposition.
**presagio** NOUN (m). omen.
**presencia** NOUN (f).
presence.
**presenciar** VERB. to
witness.

**presentar** VERB. to
present, to introduce.
**presentarse** R. VERB. to
introduce oneself.
**presente** NOUN (m).
present tense.
**presidente** NOUN (m)(f).
president.
**preso** NOUN (m). prisoner.
**prestar** VERB. to lend.
**prestigio** NOUN (m).
prestige.
**presumir** VERB. to boast,
show off.
**presupuesto** NOUN (m).
estimate, pro forma
invoice.
**pretender** VERB. to intend,
to pretend.
**prima** NOUN (f). cousin.
**primavera** NOUN (f).
spring.
**primer plato** NOUN (m).
first course.
**primero** ADJECTIVE. first.
**primo** NOUN (m). cousin.
**principal** ADJECTIVE. main.
**prisión** NOUN (f). prison.
**privado** ADJECTIVE.
private.
**príncipe** NOUN (m). prince.
**probabilidad** NOUN (f).
probability.
**probador** NOUN (m).
changing room.

**probar** VERB. to try.
**probar fortuna** VERB PHRASE. to try one's luck.
**problema** NOUN (m). problem.
**procedente** ADJECTIVE. from.
**proceso** NOUN (m). process.
**proclamar** VERB. to proclaim.
**producir** VERB. to produce.
**producto** NOUN (m). product.
**producto lácteo** NOUN (m). dairy product.
**profesional** ADJECTIVE. professional.
**profesión** NOUN (f). profession.
**profesor** NOUN (m). teacher, professor.
**profesora de español** NOUN (f). Spanish teacher.
**profundamente** ADVERB. deeply.
**profundo** ADJECTIVE. deep.
**programa** NOUN (f). program.
**prohibición** NOUN (f). prohibition.
**prohibir** VERB. to prohibit.

**prolongado** ADJECTIVE. prolonged, lengthy.
**prolongar** VERB. to extend.
**promesa** NOUN (f). promise.
**prometedor** ADJECTIVE. promising.
**prometer** VERB. to promise.
**promoción** NOUN (f). promotion.
**pronto** ADVERB. soon.
**pronunciación** NOUN (f). pronunciation.
**pronunciar** VERB. to pronounce.
**propiedad** NOUN (f). property.
**propina** NOUN (f). tip.
**propio** ADJECTIVE. own.
**proporcionar** VERB. to bring.
**proporción** NOUN (f). proportion.
**propuesta** NOUN (f). proposal.
**protagonista** NOUN (m)(f). protagonist.
**protección** NOUN (f). protection.
**proteger** VERB. to protect.
**provincia** NOUN (f). province.

**provisto** ADJECTIVE. provided, planned.

**provocar** VERB. to provoke.

**proyectar** VERB. to project.

**proyecto** NOUN (m). project.

**proyector** NOUN (m). projector.

**próximo** ADJECTIVE. next.

**prueba** NOUN (f). proof, trial.

**prueba de amor** NOUN (f). proof of love, love challenge.

**psicólogo** NOUN (m). psychologist.

**Psícología** NOUN (f). Psychology.

**PU** ABBREV. Puebla. [Mexican state]

**puaj** EXCLAMATION. ew, gross.

**publicación** NOUN (f). publication.

**publicar** VERB. to publish.

**publicidad** NOUN (f). publicity.

**pucha** EXCLAMATION. expresses pity, disappointment, sympathy. [Chile, colloquial]

**pudor** NOUN (m). modesty, shame.

**pueblo** NOUN (m). village.

**puente** NOUN (m). long weekend.

**puerta** NOUN (f). door.

**puerta de embarque** NOUN (f). boarding gate.

**puerto** NOUN (m). harbour.

**puerto** NOUN (m). mountain pass.

**pues** CONJUNCTION. so.

**puesto de mando** NOUN (m). control position.

**puesto de trabajo** NOUN (m). job, post.

**pum** EXCLAMATION. bang, pop, boom.

**puntilloso** ADJECTIVE. perfectionist.

**punto** EXCLAMATION. that's it.

**punto cardinal** NOUN (m). cardinal point.

**punto de venta** NOUN (m). outlet.

**punto y coma** NOUN (m). semi-colon.

**puntual** ADJECTIVE. punctual.

**puntuar** VERB. to punctuate, mark.

**puñetazo** NOUN (m). punch.

**pupitre** NOUN (m). desk.

**pureza** NOUN (f). purity.

**purgatorio** NOUN (m). purgatory.

**puro** NOUN (m). cigar.

**público** ADJECTIVE. public.

**público oyente** NOUN (m). audience.

**p.** ABBREV. p. [página]

**p. m.** ABBREV. p.m.

# Q - q

**q** ABBREV. Used in SMS for que and qué. [texting, Internet]

**QE** ABBREV. Querétaro. [Mexican state]

**QR** ABBREV. Quintana Roo. [Mexican state]

**que aproveche** EXCLAMATION. bon appétit, enjoy your meal.

**quedar bien** VERB PHRASE. to cause a good impression.

**quedar con alguien** VERB PHRASE. to arrange to meet someone.

**quedarse** R. VERB. to stay.

**quedarse a la zaga** VERB PHRASE. to lag behind.

**quejarse** VERB PHRASE. to complain.

**quejica** NOUN (m)(f). whiner, moaner.

**quemado** ADJECTIVE. burnt.

**quemarse** R. VERB. to get burnt.

**querer** VERB. to want.

**queso** NOUN (m). cheese.

**qué lástima** EXCLAMATION. what a shame.

**qué pasada** EXCLAMATION. wow, holy cow, holy shit. [indicates surprize or amazement]

**qué pena** EXCLAMATION. what a pity.

**qué tal** EXCLAMATION. what's up.

**qué tal está?** EXCLAMATION. how are you.

**qué tal?** EXCLAMATION. how are you.

**qué te pasa, calabaza** EXCLAMATION. what's up. [colloquial, humorous]

**qué va** EXCLAMATION. come on, no way, of course not. [indicates refusal or disbelief - colloquial]

**quia** EXCLAMATION. denotes incredulity. [Spain]

**quieto** ADJECTIVE. stopped, quiet.
**quince** NUMBER. fifteen.
**quinto** ADJECTIVE. fifth.

**quiosco** NOUN (m). kiosk.
**quitar** VERB. to take away.
**quizás** ADVERB. maybe.

# R - r

**racional** ADJECTIVE. rational.
**ración** NOUN (f). portion.
**radio** NOUN (f). radio.
**radiocasete** NOUN (m). tape-recorder.
**raíz** NOUN (f). root.
**rama** NOUN (f). branch.
**ramo** NOUN (m). bouquet, bunch, branch.
**rancho** NOUN (m). ranch.
**ranura** NOUN (f). groove, slot.
**rapidez** NOUN (f). speed.
**raptar** VERB. to kidnap.
**raro** ADJECTIVE. strange.
**rascacielos** NOUN (m). skyscraper.
**rasgo** NOUN (m). characteristic.
**rastro** NOUN (m). flea market.
**rata** NOUN (f). rat.
**rato** NOUN (m). moment.
**ratón** NOUN (m). mouse.
**rayo** NOUN (m). lightning.

**razonable** ADJECTIVE. reasonable.
**razonamiento** NOUN (m). reasoning.
**razonar** VERB. to reason.
**razón** NOUN (f). reason.
**rápido** ADJECTIVE. fast.
**reaccionar** VERB. to react.
**reacción** NOUN (f). reaction.
**reajustar** VERB. to readjust.
**realidad** NOUN (f). reality.
**realización** NOUN (f). making (of).
**realizar** VERB. to do.
**rebajas** NOUN (f). sales.
**recaudador de impuestos** NOUN (m). tax collector.
**recepción** NOUN (f). reception.
**receta** NOUN (f). recipe.
**rechazar** VERB. to reject.
**rechazo** NOUN (m). rejection.
**recibir** VERB. to receive.

**reciclaje** NOUN (m).
recycling.
**reciclarse (trabajo)** R.
VERB. to re-train.
**reciente** ADJECTIVE.
recent.
**recientemente** ADVERB.
recently.
**recinto** NOUN (m). area.
**recipiente** NOUN (m).
container, bowl.
**recital** NOUN (m). concert.
**reclamacíon** NOUN (f).
complaint.
**recoger** VERB. to pick up.
**recogida** NOUN (f). the
pick up.
**recomendación** NOUN (f).
recommendation.
**recomendar** VERB. to
recommend.
**reconducir** VERB. to re-
direct.
**reconstrucción** NOUN (f).
reconstruction.
**reconstruir** VERB. to
reconstruct.
**recordar** VERB. to
remember.
**recorrido** NOUN (m). route.
**rectificar** VERB. to rectify.
**recuadro** NOUN (m). frame.
**recuerdo** NOUN (m).
memory.

**recurso** NOUN (m).
resource.
**red** NOUN (f). net.
**redacción** NOUN (f).
writing.
**redactar** VERB. to write.
**reducido** ADJECTIVE.
reduced.
**reducir** VERB. to reduce.
**referéndum** NOUN (m).
referendum.
**referirse** R. VERB. to refer
to.
**reflejar** VERB. to reflect.
**reflexionar** VERB. to think
over.
**reflexión** NOUN (f).
reflection.
**reforma** NOUN (f). reform.
**reforzar** VERB. to
reinforce.
**refrán** NOUN (m). saying.
**refresco** NOUN (m). soft
drink.
**refugiarse en el
extranjero** VERB PHRASE.
to go into exile.
**refugio** NOUN (m). refuge.
**regalo** NOUN (m). present.
**regañar** VERB. to scold,
tell off.
**regar** VERB. to water.
**regatear** VERB. to bargain.
**región** NOUN (f). region.

**regirse** R. VERB. to be guided (by rules).

**registrarse** R. VERB. to register.

**regla** NOUN (f). rule.

**regresar** VERB. to come back.

**regreso** NOUN (m). return.

**regular** VERB. regular.

**rehacer** VERB. to re-do.

**rehusar** VERB. to reject.

**reina** NOUN (f). queen.

**reincidente** ADJECTIVE. relapsing.

**Reino Unido** PROPER NOUN. United Kingdom.

**reinstauración** NOUN (f). reinstate.

**reirse** R. VERB. to laugh.

**relacionar** VERB. to relate.

**relaciones públicas** NOUN (m)(f). public relations.

**relación** NOUN (f). relation.

**relajación** NOUN (f). relaxation.

**relajado** ADJECTIVE. relaxed.

**relajante** ADJECTIVE. relaxing.

**relajar** VERB. to relax.

**relajarse** R. VERB. to relax.

**relato** NOUN (m). story, tale.

**relevante** ADJECTIVE. relevant.

**religioso** ADJECTIVE. religious.

**religión** NOUN (f). religion.

**rellenar** VERB. to fill in.

**relleno** ADJECTIVE. stuffed, filled.

**reloj** NOUN (m). clock, watch.

**reloj de arena** NOUN (m). hour-glass, egg-timer.

**rematar la noche** VERB PHRASE. to round off the night.

**remedio** NOUN (m). remedy.

**remitente** NOUN (m). sender.

**remolino** NOUN (m). whirlwind, crowd.

**remordimiento** NOUN (m). regret.

**rendimiento** NOUN (m). performance, yield.

**rendirse** R. VERB. to give up.

**renovable** ADJECTIVE. renewable.

**renovar** VERB. to extend, to renovate.

**renunciar** VERB. to give up, relinquish.

**repartir** VERB. to hand out, share.

**repentino** ADJECTIVE. sudden.

**repetición**   NOUN (f).
repetition.

**repetidamente**   ADVERB.
repeatedly.

**repetir**   VERB. to repeat.

**repollo**   NOUN (m).
cabbage.

**reportero**   NOUN (m).
reporter.

**representante**   NOUN
(m)(f). representative.

**representar**   VERB. to
represent.

**representativo**   NOUN (m).
representative.

**reproducción**   NOUN (f).
reproduction.

**repulsivo**   ADJECTIVE.
repulsive.

**república**   NOUN (f).
republic.

**resaltado**   ADJECTIVE.
highlighted.

**resaltar**   VERB. to make
stand out, highlight.

**rescatar**   VERB. to rescue.

**resentirse**   R. VERB. to
suffer, feel the effects.

**reserva**   NOUN (f).
reservation, booking.

**reservar**   VERB. to reserve.

**resfriado**   ADJECTIVE. sick
with a cold.

**residencia**   NOUN (f).
residence.

**residir**   VERB. to live.

**residual**   ADJECTIVE.
residual.

**resignación**   NOUN (f).
resignation.

**resistir**   VERB. to resist.

**resolver**   VERB. to resolve.

**respectivo**   ADJECTIVE.
respective.

**respecto a**   PHRASE.
regarding.

**respetar**   VERB. to respect.

**respeto**   NOUN (m). respect.

**respiración**   NOUN (f).
breathing.

**respirar**   VERB. to breathe.

**responder**   VERB. to
answer.

**respuesta**   NOUN (f).
answer.

**restaurante**   NOUN (m).
restaurant.

**restaurar**   VERB. to restore.

**resto**   NOUN (m). rest.

**restringido**   ADJECTIVE.
restricted.

**resultado**   NOUN (m). result.

**resultar fácil**   VERB
PHRASE. to be easy.

**resumen**   NOUN (m).
summary.

**resumir**   VERB. to resume.

**retirada de efectivo**
NOUN (f). cash withdrawal.

**retirar**   VERB. to take out.

**retirarse** R. VERB. to retire.

**reto** NOUN (m). challenge.

**retornable** ADJECTIVE. returnable, reusable.

**retorno** NOUN (m). return.

**retrasar** VERB. to delay.

**retrasarse** R. VERB. to get delayed.

**retraso** NOUN (m). delay.

**retrato** NOUN (m). portrait.

**reunión** NOUN (f). meeting.

**revalorizar** VERB. to revalue.

**revelación** NOUN (f). revelation.

**reverencia** NOUN (f). reverence, bow.

**reverso** NOUN (m). reverse, back.

**revisión** NOUN (f). revision, inspection.

**revisor** NOUN (m). ticket inspector.

**revista** NOUN (f). magazine.

**revolucionario** ADJECTIVE. revolutionary.

**rey** NOUN (m). king.

**Reyes Magos** PROPER NOUN. the Three Kings.

**rezar** VERB. to pray.

**rico** ADJECTIVE. rich.

**ridículo** ADJECTIVE. ridiculous.

**riesgo** NOUN (m). risk.

**rincón** NOUN (m). corner.

**rinoplastia** NOUN (f). nose job.

**riñon** NOUN (m). kidney.

**riojano** ADJECTIVE. from La Rioja.

**riqueza** NOUN (f). wealth.

**ritmo** NOUN (m). rhythm.

**ritmo de vida** NOUN (m). lifestyle.

**rito** NOUN (m). rite.

**ritual** NOUN (m). ritual.

**rizado** ADJECTIVE. curly.

**río** NOUN (m). river.

**robar** VERB. to rob.

**robo** NOUN (m). robbery.

**rococó** NOUN (m). rococo.

**rodaje** NOUN (m). shooting (movie).

**rodear** VERB. to be surrounded by.

**rodilla** NOUN (f). knee.

**rogar** VERB. to ask.

**rojo** ADJECTIVE. red.

**rollo** NOUN (m). roll, reel, nuisance, pain, bore.

**romano** ADJECTIVE. Roman.

**romántico** ADJECTIVE. romantic.

**romper** VERB. to break.

**ron** NOUN (m). rum.

**ronco** ADJECTIVE. hoarse.

**ropa** NOUN (f). clothes.

**ropa interior** NOUN (f). underwear.

**rosa**  NOUN (f). rose.
**rotación**  NOUN (f). rotation.
**roto**  ADJECTIVE. broken.
**rotulador**  NOUN (m). felt
  tip pen.
**rubio**  ADJECTIVE. blond.
**rueda**  NOUN (f). wheel.

**ruido**  NOUN (m). noise.
**ruidoso**  ADJECTIVE. noisy.
**rumano**  NOUN (m).
  Rumanian.
**ruptura**  NOUN (f). break-up.
**ruso**  ADJECTIVE. Russian.
**ruta**  NOUN (f). route.

# S - s

**saber**  VERB. to know.
**sabor**  NOUN (m). taste,
  flavour.
**sabroso**  ADJECTIVE.
  tasty.
**sacar**  VERB. to get out
  from.
**sacar el carné de
  conducir**  VERB
  PHRASE. to take your
  driving licence.
**sacar una entrada**
  VERB PHRASE. to buy a
  ticket.
**saco de dormir**  NOUN
  (m). sleeping bag.
**safari**  NOUN (m). safari.
**sagrado**  ADJECTIVE.
  sacred.
**sal**  NOUN (f). salt.
**sala**  NOUN (f).
  (conference) room.
**sala de espera**  NOUN
  (f). waiting room.

**salario**  NOUN (m). salary.
**sale**  EXCLAMATION. ok.
  [Mexico]
**salida**  NOUN (f). exit.
**salir**  VERB. to leave.
**salmón**  NOUN (m).
  salmon.
**salpicado**  ADJECTIVE.
  splashed.
**saltar**  VERB. to jump.
**salto**  NOUN (m). jump.
**salud**  EXCLAMATION.
  bless you. [said to
  somebody who has
  sneezed]
**salud**  EXCLAMATION.
  cheers. [the usual toast
  when drinking alcohol]
**salud**  NOUN (f). health.
**saludar**  VERB. to greet.
**saludo**  NOUN (m).
  greeting.
**salvaje**  ADJECTIVE. wild.
**salvar**  VERB. to save.

**sandalias** NOUN (f).
sandals.
**sandía** NOUN (f).
watermelon.
**Sanfermines** PROPER
NOUN. Fiesta in
Pamplona.
**sangre** NOUN (f). blood.
**sangría** NOUN (f).
sangria.
**sanguínea** ADJECTIVE.
bloody.
**sano** ADJECTIVE. healthy.
**saqueador** NOUN (m).
pillager.
**sardina** NOUN (f).
sardine.
**sartén** NOUN (m). frying
pan.
**satisfacción** NOUN (f).
satisfaction.
**satisfacer** VERB. to
satisfy.
**satisfactorio**
ADJECTIVE. satisfactory.
**sauna** NOUN (f). sauna.
**sábado** NOUN (m).
Saturday.
**sábana** NOUN (f). sheet.
**sácate** EXCLAMATION. do
not dare, do not even
think it, forget it, get out.
**secador de pelo** NOUN
(m). hair-dryer.
**seco** ADJECTIVE. dry.

**secretaria** NOUN (f).
secretary.
**secta** NOUN (f). sect.
**sector** NOUN (m). sector.
**secuencia** NOUN (f).
sequence.
**secuestrar** VERB. to
kidnap.
**sed** NOUN (f). thirst.
**seda** NOUN (f). silk.
**sede** NOUN (f).
headquarters.
**seducir** VERB. to seduce.
**seguir** VERB. to continue,
follow.
**seguir + gerundio**
VERB PHRASE. to keep
on/continue + ...ing.
**segundo** ADJECTIVE.
second.
**seguro** ADJECTIVE.
secure.
**según** PREPOSITION.
depending on, according
to.
**seis** NUMBER. six.
**seleccionar** VERB. to
select.
**sello** NOUN (m). stamp.
**selva** NOUN (f). jungle.
**semana** NOUN (f). week.
**Semana Santa**
PROPER NOUN. Easter.
**semanal** ADVERB.
weekly.

**semáforos** NOUN (m).
traffic light.
**semestre** NOUN (m).
semester.
**semilla** NOUN (f). seed.
**sencillo** ADJECTIVE.
simple.
**senderismo** NOUN (m).
hiking, walking.
**sensación** NOUN (f).
sensation.
**sensato** ADJECTIVE.
sensible.
**sentarse** R. VERB. to sit
down.
**sentido** NOUN (m). sense,
meaning.
**sentimental** ADJECTIVE.
sentimental.
**sentimiento** NOUN (m).
feeling.
**sentir** VERB. to feel,
regret.
**señal** NOUN (f). sign,
indication.
**señalar** VERB. to point
out.
**señas de identidad**
NOUN (f). character traits.
**señor** NOUN (m). mister.
**señorita** NOUN (f). miss.
**separación** NOUN (f).
separation.
**separar** VERB. to
separate.

**separarse** R. VERB. to
separate (from
someone).
**septiembre** NOUN (m).
September.
**sepultar** VERB. to bury.
**sequía** NOUN (f). drought.
**ser** VERB. be.
**ser humano** NOUN (m).
human being.
**sereno** ADJECTIVE. calm.
**serie** NOUN (f). series.
**seriedad** NOUN (f).
seriousness.
**serio** ADJECTIVE. serious.
**serpiente** NOUN (f).
snake.
**serrar** VERB. to saw.
**servicio doméstico**
NOUN (m). domestic help.
**servicio militar** NOUN
(m). military service.
**servicios** NOUN (m).
toilet, washroom,
bathroom.
**servir** VERB. to be used
for, to serve.
**sesenta** NUMBER. sixty.
**sesión** NOUN (f). session.
**setenta** NUMBER.
seventy.
**sevillana** NOUN (f).
Andalusian dance.
**sexo** NOUN (m). sex.

**sé** EXCLAMATION. yeah.
[colloquial, Chile]
**shock** NOUN (m). shock.
**si** CONJUNCTION. if.
**SI** ABBREV. Sinaloa.
[Mexican state]
**siempre** ADVERB.
always.
**sierra** NOUN (f).
mountains, ridge, saw.
**siesta** NOUN (f). siesta,
nap.
**siete** NUMBER. seven.
**siglo** NOUN (m). century.
**significado** NOUN (m).
meaning.
**significar** VERB. to
signify.
**significativo** ADJECTIVE.
significant.
**signo** NOUN (m). sign.
**siguiente** ADJECTIVE.
following.
**silencio** NOUN (m).
silence.
**silencioso** ADJECTIVE.
silent.
**silla** NOUN (f). chair.
**sillón** NOUN (m). armchair.
**similar** ADJECTIVE.
similar.
**simio** NOUN (m). simian.
**simón** EXCLAMATION.
yes. [colloquial, Mexico,
Guatemala]

**simpático** ADJECTIVE.
nice, friendly.
**simultaneidad** NOUN (f).
synchronicity.
**simultáneo** ADVERB.
simultaneously.
**sin** PREPOSITION. without.
**sin blanca** PHRASE.
penniless, broke.
**sin embargo** PHRASE.
nevertheless.
**sin parar** PHRASE.
without stopping.
**sincero** ADJECTIVE.
sincere.
**sincronizar** VERB.
synchronize.
**sindicato** NOUN (m).
(trade) union.
**singular** ADJECTIVE.
singular.
**siniestro total** NOUN
(m). total write-off.
**sinónimo** NOUN (m).
synonym.
**sintonía** NOUN (f). tuning.
**sistema** NOUN (m).
system.
**sitio** NOUN (m). place.
**situación** NOUN (f).
situation.
**situar** VERB. to place,
locate.
**sí** EXCLAMATION. yes.

**sí hombre**
EXCLAMATION. oh, c'mon.
**símbolo** NOUN (m).
symbol.
**síntoma** NOUN (m).
symptom.
**SL** ABBREV. San Luis
Potosí. [Mexican state]
**so** EXCLAMATION. woah.
**SO** ABBREV. Sonora.
[Mexican state]
**sobrar** VERB. be left
over, be too many.
**sobre** NOUN (m).
envelope.
**sobrenatural**
ADJECTIVE. super-natural.
**sobrenombre** NOUN
(m). name and origin.
**sobresalto** NOUN (m).
consternation.
**sobrina** NOUN (f). niece.
**sobrino** NOUN (m).
nephew.
**sociable** ADJECTIVE.
sociable.
**socialista** ADJECTIVE.
socialist.
**sociedad** NOUN (f).
society.
**sociocultural**
ADJECTIVE. socio-cultural.
**socorro** EXCLAMATION.
help.
**sofá** NOUN (m). sofa.

**sol** NOUN (m). sun.
**soldado** NOUN (m).
soldier.
**soleado** ADJECTIVE.
sunny.
**soledad** NOUN (f).
solitude.
**solemne** ADJECTIVE.
solemn.
**solemnidad** NOUN (f).
seriousness, solemnity.
**soler** VERB. to be in the
habit of, usually.
**solicitar** VERB. to apply
for.
**solicitud** NOUN (f).
application.
**solidario** ADJECTIVE.
supportive.
**solitario** ADJECTIVE.
solo.
**sollozo** NOUN (m). sob.
**solo** ADJECTIVE. alone.
**soltero** NOUN (m). single.
**solterón** NOUN (m).
confirmed bachelor.
**solucionar** VERB. to
sort out.
**solución** NOUN (f).
solution.
**sombra** NOUN (f).
shadow.
**sombrero** NOUN (m). hat.
**sonar** VERB. to sound.

**sonámbulo** NOUN (m).
sleep-walker.
**sonido** NOUN (m). sound.
**sonreir** VERB. to smile.
**soñar** VERB. to dream.
**sopa** NOUN (f). soup.
**soplar** VERB. to blow.
**soportar** VERB. to put
up with.
**sordo** ADJECTIVE. deaf.
**sorpresa** NOUN (f).
surprise.
**soso** ADJECTIVE. boring.
**sota** NOUN (f). knave,
jack (in cards.
**sólo** ADVERB. only.
**Sr** ABBREV. Mr. [Señor]
**Sra** ABBREV. Mrs.
[Señora]
**Sres** ABBREV. Messrs.
[Señores]
**Srta** ABBREV. Miss.
[Señorita]
**Stgo.** ABBREV. Santiago
de Chile.
**suave** ADJECTIVE. soft.
**submarinismo** NOUN
(m). scuba-diving.
**subrayar** VERB. to
underline.
**subterráneo** ADJECTIVE.
underground.
**subyacer** VERB. to
underlie.

**suceder** VERB. to
happen.
**sucesivamente**
ADVERB. successively.
**sucesivo** ADJECTIVE.
successive.
**suceso** NOUN (m). event,
occurrence.
**sucio** ADJECTIVE. dirty.
**sudamericano**
ADJECTIVE. South
American.
**sudar** VERB. to sweat.
**Sudáfrica** PROPER
NOUN. South Africa.
**Suecia** NOUN (f). Sweden.
**sueco** ADJECTIVE.
Swedish.
**suegra** NOUN (f). mother-
in-law.
**suegros** NOUN (m).
parents-in-law.
**suelo** NOUN (m). floor.
**sueño** NOUN (m). dream,
sleep.
**suerte** NOUN (f). luck,
fortune.
**suerte** EXCLAMATION.
good luck.
**suficiente** ADJECTIVE.
enough.
**sufrir** VERB. to suffer.
**sugerencia** NOUN (f).
suggestion.

**sugerir** VERB. to suggest.

**suicidarse** R. VERB. to commit suicide.

**Suiza** PROPER NOUN. Switzerland.

**sumar** VERB. to add up.

**superar** VERB. to get over, surpass.

**superdotado** ADJECTIVE. exceptionally gifted, genius.

**superior** ADJECTIVE. superior.

**superioridad** NOUN (f). superiority.

**superlativo** NOUN (m). superlative.

**supermercado** NOUN (m). supermarket.

**superstición** NOUN (f). superstition.

**supervivencia** NOUN (f). survival.

**suponer** VERB. to suppose.

**suposición** NOUN (f). supposition.

**supositorio** NOUN (m). suppository.

**sur** NOUN (m). South.

**suspender** VERB. to fail.

**suspiro** NOUN (m). sigh.

**sustantivo** NOUN (m). noun.

**susto** NOUN (m). shock.

**S.** ABBREV. St. (Saint, female). [Santa]

**S.** ABBREV. St. (Saint, male). [San, santo]

**S.A.** ABBREV. Incorporated (Inc.), Limited liability company (LLC). [Sociedad Anónima]

**s/n** ABBREV. number unknown. [abbreviation of sin número]

**s/n** ABBREV. name unknown. [abbreviation of sin nombre]

# T - t

**TA** ABBREV. Tamaulipas. [Mexican state]

**tabaco** NOUN (m). tobacco.

**taberna** NOUN (f). inn, bar, tavern.

**tabla** NOUN (f). table.

**tablero** NOUN (m). panel, board.

**tablón** NOUN (m). board.

**tacaño** ADJECTIVE. mean, tight-fisted, cheap.

**tachar** VERB. to cross out, reject.

**tacos** NOUN (m). typical Mexican dish.

**tacón** NOUN (m). heel.

**tal** ADJECTIVE. such.

**tal vez** PHRASE. maybe.

**talla** NOUN (f). size.

**taller** NOUN (m). workshop, where something gets repaired.

**talón** NOUN (m). heel.

**tamaño** NOUN (m). size.

**también** ADVERB. also, too.

**tambor** NOUN (m). drum.

**tampoco** ADVERB. neither.

**tan** ADVERB. so.

**tan como** ADVERB. as.

**tango** NOUN (m). tango.

**tanto** ADVERB. so much.

**tantos** ADVERB. so many.

**tapa** NOUN (f). snack.

**tapar** VERB. to cover.

**tapear** VERB. to have tapas.

**tapiz** NOUN (m). tapestry.

**tapón** NOUN (m). plug, jam.

**taquilla** NOUN (f). ticket office.

**tarántula** NOUN (f). tarantula.

**tardanza** NOUN (f). delay.

**tarde** ADJECTIVE. late.

**tarea** NOUN (f). task.

**tarifa** NOUN (f). tariff.

**tarima** NOUN (f). platform.

**tarjeta** NOUN (f). card.

**tarjeta de crédito** NOUN (f). credit card.

**tarta** NOUN (f). cake.

**tasca** NOUN (f). small bar.

**taxi** NOUN (m). taxi.

**taxista** NOUN (m)(f). taxi driver.

**tb** ABBREV. también. [texting, Internet]

**TB** ABBREV. Tabasco. [Mexican state]

**TCM** ABBREV. a.k.a. (also known as). [también conocido como]

**teatro** NOUN (m). theatre.

**tebeo** NOUN (m). comic.

**techo** NOUN (m). ceiling.

**teclado** NOUN (m). keyboard.

**teclear** VERB. to type.

**tejido** NOUN (m). material, tissue.

**tela** NOUN (f). material, cloth.

**teleadicto** NOUN (m). TV addict.

**telebasura** NOUN (f). trashy television shows.

**teledirigido** ADJECTIVE. operated by remote control.

**telenovela** NOUN (f). soap opera.

**telespectador** NOUN (m). TV viewer.

**televisión** NOUN (f). television.

**televisión en color** NOUN (f). color TV.

**televisor** NOUN (m). television.

**teléfono** NOUN (m). telephone.

**teléfono móvil** NOUN (m). mobile pone.

**telón** NOUN (m). theatre curtain.

**tema** NOUN (m). theme.

**temblor** NOUN (m). tremor, shudder.

**temor** NOUN (m). fear.

**temperatura** NOUN (f). temperature.

**templado** ADJECTIVE. lukewarm.

**temporada** NOUN (f). season.

**temporal** ADJECTIVE. temporary.

**temprano** ADJECTIVE. early.

**tender** VERB. to hang up.

**tender la ropa** VERB PHRASE. to hang out the washing.

**tener** VERB. to have.

**tener calor** VERB PHRASE. to be hot.

**tener cuidado** VERB PHRASE. to be careful, take care.

**tener en cuenta** VERB PHRASE. to take into consideration.

**tener ganas** VERB PHRASE. to want to do something.

**tener hambre** VERB PHRASE. to be hungry.

**tener mala cara** VERB PHRASE. to not look well.

**tener pinta** VERB PHRASE. to look as if.

**tener que** VERB PHRASE. to have to, must.

**tener razón** VERB PHRASE. to be right.

**tener sed** VERB PHRASE. to be thirsty.

**tener sueño** VERB PHRASE. to be tired.

**teniente** NOUN (m). lieutenant.

**tenis** NOUN (m). tennis.

**tensión** NOUN (f). tension, pressure.

**teñirse** R. VERB. to dye.

**terapia**  NOUN (f). therapy.
**tercera edad**  NOUN (f).
old age.
**tercero**  ADJECTIVE. third.
**terciopelo**  NOUN (m).
velvet.
**terco**  ADJECTIVE. stubborn.
**terminación**  NOUN (f).
ending.
**terminado**  ADJECTIVE.
finished.
**terminar**  VERB. to end.
**termostato**  NOUN (m).
thermostat.
**ternera**  NOUN (f). beef.
**terraza**  NOUN (f). terrace.
**terrible**  ADJECTIVE. terrible.
**territorio**  NOUN (m).
territory.
**terror**  NOUN (m). terror.
**terso**  ADJECTIVE. smooth,
glossy.
**tertulia**  NOUN (f). get-
together, reading group.
**tesis**  NOUN (f). thesis.
**testigo**  NOUN (m). witness.
**texto**  NOUN (m). text.
**té**  NOUN (m). tea.
**técnica**  NOUN (f).
technique.
**ticket de compra**  NOUN
(m). receipt.
**tictac**  EXCLAMATION. tick
tock.
**tiempo**  NOUN (m). time.

**tiempo libre**  NOUN (m).
free-time.
**tienda**  NOUN (f). shop.
**tienda de campaña**
NOUN (f). tent.
**tienda de ropa**  NOUN (f).
boutique, clothes shop.
**tierno**  ADJECTIVE. tender.
**tierra**  NOUN (f). ground,
earth.
**tijeras**  NOUN (f). scissors.
**tinta**  NOUN (f). dye, ink.
**tinte**  NOUN (m). ink.
**tintero**  NOUN (m). inkwell.
**tipo**  NOUN (m). kind.
**tiquismiquis**  NOUN (m)(f).
fussy person, fuss.
**tirado**  ADJECTIVE. dead
easy, dirt cheap.
**tirar**  VERB. to throw.
**tirita**  NOUN (f). plaster.
**titulación**  NOUN (f).
degree, academic
qualifications.
**titulado**  ADJECTIVE.
certified, qualified, entitled.
**titular**  NOUN (m). title.
**tímido**  ADJECTIVE. shy.
**tío**  NOUN (m). uncle.
**típico**  ADJECTIVE. typical.
**TL**  ABBREV. Tlaxcala.
[Mexican state]
**toalla**  NOUN (f). towel.
**tocar**  VERB. to touch.

**toda mi vida**   PHRASE. all my life.

**todavía**   ADVERB. still.

**todavía no**   PHRASE. not yet.

**todo recto**   PHRASE. straight on.

**todos, -as**   ADJECTIVE. all.

**todo, toda**   ADJECTIVE. all.

**tolerante**   ADJECTIVE. tolerant.

**tomar**   VERB. to take.

**tomar el sol**   VERB PHRASE. to sunbathe.

**tomar notas**   VERB PHRASE. to take notes.

**tomate**   NOUN (m). tomato.

**tonalidad**   NOUN (f). tone.

**tono**   NOUN (m). tone.

**tontería**   NOUN (f). stupid thing.

**tonto**   ADJECTIVE. stupid.

**torero**   NOUN (m). bullfighter.

**tormenta**   NOUN (f). storm.

**tornillo**   NOUN (m). screwdriver.

**toro**   NOUN (m). bull.

**torre**   NOUN (f). tower.

**tortilla**   NOUN (f). tortilla.

**tortuga**   NOUN (f). tortoise.

**tos**   NOUN (f). cough.

**tos ferina**   NOUN (f). whooping cough.

**toser**   VERB. to cough.

**tostada**   NOUN (f). toast.

**tópico**   NOUN (m). stereotype.

**TQM**   ABBREV. I love you a lot. [te quiero mucho - texting, Internet]

**traba**   NOUN (f). bond, hindrance.

**trabajador**   NOUN (m). worker.

**trabajar**   VERB. to work.

**trabajo**   NOUN (m). work.

**tradicional**   ADJECTIVE. traditional.

**tradición**   NOUN (f). tradition.

**traducción**   NOUN (f). translation.

**traducir**   VERB. to translate.

**traer**   VERB. to bring.

**tragedia**   NOUN (f). tragedy.

**traje**   NOUN (m). suit.

**tramitar**   VERB. to deal with, process.

**trampa**   NOUN (f). trap, ambush.

**tranquilidad**   NOUN (f). tranquillity.

**tranquilizar**   VERB. to calm down.

**tranquilo**   ADJECTIVE. quiet.

**tranquilo**   EXCLAMATION. relax.

**transcripción**  NOUN (f).
transcription.
**transcurrir**  VERB. to
happen, to pass.
**transformar**  VERB. to
transform.
**transición**  NOUN (f).
transition.
**transmisión**  NOUN (f).
transmission.
**transmitir**  VERB. to
transmit.
**transparente**  ADJECTIVE.
transparent.
**transporte**  NOUN (m).
transport.
**trapo**  NOUN (m). cloth.
**tras**  PREPOSITION. after.
**trasladar**  VERB. to move,
relocate.
**trasladarse**  R. VERB. to
move (residence).
**trasplantar**  VERB. to
transplant.
**trastero**  NOUN (m). junk
room.
**trasto**  NOUN (m). piece of
junk, domestic appliance.
**tratamiento**  NOUN (m).
treatment.
**tratante de esclavos**
NOUN (m). slave-trader.
**tratar**  VERB. to treat.
**tratarse**  R. VERB. to be
about.

**trato**  NOUN (m).
relationship.
**traumatismo**  NOUN (m).
traumatism.
**trayecto**  NOUN (m). route.
**trayectoria**  NOUN (f).
career.
**trazar**  VERB. draft, sketch.
**tráfico**  NOUN (m). traffic.
**tránsito**  NOUN (m). transit.
**trece**  NUMBER. thirteen.
**treinta**  NUMBER. thirty.
**tren**  NOUN (m). train.
**tren de cercanías**  NOUN
(m). local network train.
**tres**  NUMBER. three.
**triángulo**  NOUN (m).
triangle.
**trimestre**  NOUN (m).
trimester.
**tripa**  NOUN (f). belly,
stomach.
**triste**  ADJECTIVE. sad.
**tristeza**  NOUN (f). sadness.
**triunfar**  VERB. to triumph.
**triunfo**  NOUN (m). triumph.
**trofeo**  NOUN (m). trophy.
**trono**  NOUN (m). throne.
**tropezar**  VERB. to trip.
**tropical**  ADJECTIVE.
tropical.
**trovador**  NOUN (m).
minstrel.
**trozo**  NOUN (m). piece.
**trucha**  NOUN (f). trout.

**trueno**  NOUN (m). thunder.
**tubo de escape**  NOUN (m). exhaust pipe.
**tuerca**  NOUN (f). nut (like with screws).
**tuerto**  ADJECTIVE. one-eyed.
**tumbarse**  R. VERB. to lie down.
**tumor**  NOUN (m). tumor.

**turco**  ADJECTIVE. Turkish.
**turismo**  NOUN (m). tourism.
**turno**  NOUN (m). shift.
**Turquía**  NOUN (f). Turkey.
**tutear**  VERB. to speak on familiar terms.
**tutor**  NOUN (m). tutor.
**túnica**  NOUN (f). tunic, robe.
**TVE**  ABBREV. TV España.

# U - u

**ubicar**  VERB. to place.
**Uds.**  ABBREV. you (plural, formal). Abbreviated form of ustedes.
**Ud.**  ABBREV. you (singular, formal). Abbreviated form of usted.
**uh**  EXCLAMATION. used to express disappointment or disdain.
**unicamente**  ADVERB. only.
**unidad**  NOUN (f). unit.
**unión**  NOUN (f). union.
**Unión Europea**  PROPER NOUN. European Union.
**unir**  VERB. to bring together.

**universidad**  NOUN (f). university.
**universitario**  NOUN (m). university student.
**ups**  EXCLAMATION. oops.
**urbe**  NOUN (f). city.
**urgente**  ADJECTIVE. urgent.
**Uruguay**  PROPER NOUN. Uruguay.
**usar**  VERB. to use.
**uso**  NOUN (m). use.
**usuario**  NOUN (m). user.
**utensilio**  NOUN (m). utensil.
**utilizar**  VERB. to use.
**uva**  NOUN (f). grape.
**uy**  EXCLAMATION. alternative spelling of huy.

# V - v

**vaca** NOUN (f). cow.
**vacaciones** NOUN (f). holidays.
**vacío** ADJECTIVE. empty.
**vago** ADJECTIVE. lazy.
**vaguear** VERB. to idle, loaf around.
**vajilla** NOUN (f). dinner service.
**vale** EXCLAMATION. okay. [Spain]
**valentía** NOUN (f). bravery.
**valer** VERB. to be worth.
**validez** NOUN (f). validity.
**valiente** ADJECTIVE. brave.
**valioso** ADJECTIVE. worthy.
**valle** NOUN (m). valley.
**valor** NOUN (m). value.
**valoración** NOUN (f). evaluation.
**valorar** VERB. to value, to evaluate.
**variado** ADJECTIVE. varied.
**variar** VERB. to vary.
**varias veces** PHRASE. several times.
**variedad** NOUN (f). variety.
**variz** NOUN (f). varicose veins.

**varonil** ADJECTIVE. manly, virile.
**vaso** NOUN (m). glass.
**Vaticano** PROPER NOUN. Vatican.
**vaya por Dios!** EXCLAMATION. oh my god!
**VC** ABBREV. Veracruz. [Mexican state]
**Vds.** ABBREV. you (plural, formal). [ustedes]
**Vd.** ABBREV. (you). Abbreviated form of usted.
**vecino** NOUN (m). neighbour.
**vehículo** NOUN (m). vehicle.
**veinte** NUMBER. twenty.
**velar** VERB. to mourn someone.
**vencer** VERB. to beat, defeat, conquer.
**venda** NOUN (f). bandage.
**Venecia** PROPER NOUN. Venice.
**veneno** NOUN (m). poison, venom.
**Venezuela** PROPER NOUN. Venezuela.
**venir** VERB. to come.

**ventaja**  NOUN (f).
advantage.
**ventana**  NOUN (f). window.
**ventanilla**  NOUN (f). ticket
window, box office,
counter.
**ventas**  NOUN (f). sales.
**ver**  VERB. to see.
**ver la tele**  VERB PHRASE.
to watch TV.
**verano**  NOUN (m). summer.
**verbena**  NOUN (f). open
air party with a band.
**verbo**  NOUN (m). verb.
**verbo reflexivo**  NOUN
(m). reflexive verb.
**verdad**  NOUN (f). truth.
**verde**  ADJECTIVE. green.
**verdugo**  NOUN (m). tyrant,
executioner.
**verdura**  NOUN (f).
vegetable.
**vergüenza**  NOUN (f).
shame, disgrace.
**verificar**  VERB. verify,
check.
**versión**  NOUN (f). version.
**vertido**  NOUN (m). dump.
**vestido**  NOUN (m). dress.
**vestirse**  R. VERB. to get
dressed.
**Veterinaria**  PROPER
NOUN. Veterinary Science.
**vez**  NOUN (f). time.

**viaducto**  NOUN (m).
viaduct; very long
weekend (coll. Spain)
**viajar**  VERB. to travel.
**viaje**  NOUN (m). trip.
**viaje de ensueño**  NOUN
(m). dream holiday.
**viaje de negocios**
NOUN (m). business trip.
**viajero**  NOUN (m). traveller.
**victima**  NOUN (f). victim.
**victoria**  NOUN (f). victory.
**vida**  NOUN (f). life.
**vida nocturna**  NOUN (f).
nightlife.
**video**  NOUN (m). video.
**video musical**  NOUN (m).
music videos.
**viejo**  ADJECTIVE. old.
**viento**  NOUN (m). wind.
**viernes**  NOUN (m). Friday.
**viga**  NOUN (f). beam, rafter.
**vigilar**  VERB. to watch.
**vinagre**  NOUN (m). vinegar.
**vino**  NOUN (m). wine.
**violencia**  NOUN (f).
violence.
**violento**  ADJECTIVE.
violent.
**virginidad**  NOUN (f).
virginity.
**visado**  NOUN (m). visa.
**visión**  NOUN (f). vision.
**visita**  NOUN (f). visit.
**visitar**  VERB. to visit.

**vista panorámica**
  NOUN (f). panoramic view.
**vistazo**  NOUN (m). glance.
**viuda**  NOUN (f). widow.
**vivienda**  NOUN (f). house,
  dwelling.
**vivir**  VERB. to live.
**vía**  NOUN (f). railway line.
**Vmd.**  ABBREV. (your
  grace). abbreviation of
  vuestra merced.
**vocal**  NOUN (m). vocal,
  vowel.
**volar**  VERB. to fly.
**volcán**  NOUN (m). volcano.
**volumen**  NOUN (m).
  volume.

**volver**  VERB. go/come
  back.
**volver a + infinitivo**
  VERB PHRASE. to do
  something again.
**volverse loco**  VERB
  PHRASE. to go mad.
**votación**  NOUN (f). voting.
**votar**  VERB. to vote.
**voto**  NOUN (m). vote.
**voz**  NOUN (f). voice.
**vómito**  NOUN (m). to be
  sick, vomit.
**vuelo**  NOUN (m). flight.

# X - x

**xenófobo**  ADJECTIVE.
  xenophobic.

# Y - y

**y**  CONJUNCTION. and.
**y un huevo**  EXCLAMATION.
  no way, no way José.
  [idiomatic, colloquial]
**ya**  ADVERB. already.

**YC**  ABBREV. Yucatan.
  [Mexican state]
**yerno**  NOUN (m). son-in-
  law.
**yo sabré**  EXCLAMATION. it
  is my life.

**yoga**   NOUN (m). yoga.
**yogur**   NOUN (m). yoghurt.

**y/o**   ABBREV. and/or.

# Z - z

**ZA**   ABBREV. Zacatecas.
[Mexican state]
**za**   EXCLAMATION. scat, get
out of here. [usually said
to an animal]
**zanahoria**   NOUN (f). carrot.
**zapatero**   NOUN (m).
cobbler, shoemaker.
**zapato**   NOUN (m). shoe.
**zapping**   NOUN (m).
channel-hopping.
**zarpar**   VERB. to set sail.
**zas**   EXCLAMATION. bang.
**zoco**   NOUN (m). souk.
**zona**   NOUN (f). zone.
**zona central**   NOUN (f).
city center, downtown.
**zona peatonal**   NOUN (f).
pedestrian zone.
**zoológico**   NOUN (m). zoo.
**zorro**   NOUN (m). fox.
**zueco**   NOUN (m). clog.
**zumo de frutas**   NOUN
(m). fruit juice.
**zurdo**   ADJECTIVE. left-
handed.

# English ~ Spanish

ARGENTINA

BOLIVIA

CHILE

COLOMBIA

COSTA RICA

CUBA

DOMINICAN REPUBLIC

ECUADOR

EL SALVADOR

GUATEMALA

HONDURAS

MEXICO

NICARAGUA

PANAMA

PARAGUAY

PERU

PUERTO RICO*

SPAIN

URUGUAY

VENEZUELA

UNITED STATES

# A - a

a posteriori  Adj. **posterior**
a.k.a.  Abb. **TCM**
a.m.  Abb. **a. m.** ·
abacus  N. (m) **ábaco**
abandon  V. **abandonar**
abdomen  N. (m) **abdomen**
abdominal muscles  N.
(m) **abdominales**
about  Prp. **alrededor de**
above  Prp. **encima**
absence  N. (f) **ausencia**
absenteeism  N.
(m) **absentismo**
abstemious  Adj. **abstemio**
absurd  Adj. **absurdo**
abundant  Adj. **abundante**
abuse  N. (m) **abuso**
AC  Abb. **CA**
academic  Adj. **académico**
academic qualifications
N. (f) **titulación**
academy  N. (f) **academia**
accelerate  V. **acelerar**
accent  N. (m) **acento**
accept  V. **aceptar**

acceptance  N.
(f) **aceptación**
accessories  N.
(m) **complementos**
accident  N. (m) **accidente**
accommodation  N.
(m) **alojamiento**
accomplice  N.
(m/f) **cómplice**
according to  Prp. **según**
account  N. (f) **cuentas**
accounting  N.
(f) **contabilidad**
accounts  N. (f) **finanzas**
accuser  N.
(m/f) **denunciante**
ace  N. (m) **as**
achoo  Excl. **achís**
acquire  V. **adquirir**
act  N. (m) **acto**
V. **actuar**
action  N. (f) **acción**
actively  Adv. **activamente**
activity  N. (f) **actividad**
actor  N. (m) **actor**
actually  Adv. **en realidad**

113

adaptation   N.
    (f) **adaptación**

add   V. **añadir**
    V. **echar**

add up   V. **sumar**

addict   N. (m) **adicto**

address   N. (f) **dirección**

address book   N.
    (f) **agenda**

adequate   Adj. **adecuado**

adjective   N. (m) **adjetivo**

administrative assistant
    N. (m) **administrativo**

admire   V. **admirar**

adolescent   N.
    (m/f) **adolescente**

adopted   Adj. **adoptado**

adore   V. **adorar**
    V. **encantar**

adult   N. (m) **adulto**

adultery   N. (m) **adulterio**

advance   N. (m) **avance**
    V. **avanzar**

advantage   N. (f) **ventaja**

adventure   N. (f) **aventura**

adventurer   N.
    (m) **aventurero**

adverb   N. (m) **adverbio**

advertisement   N.
    (m) **anuncio**

    N. (m) **anuncio de publicidad**

advice   N. (m) **consejo**

advisable
    Adj. **conveniente**

advise   V. **aconsejar**
    V. **asesorar**

aesthetic   Adj. **estético**

affair   N. (m) **lío**

affect   V. **afectar**

affected   Adj. **cursi**

affectionate   Adj. **cariñoso**

affiliate   N. (m) **afiliado**

affirm   V. **afirmar**

affirmation   N.
    (f) **afirmación**

Africa   Prop. **África**

African   Adj. **africano**

after   Adv. **al cabo de**
    Prp. **tras**

afterwards   Adv. **después**
    Adj. **posterior**

age   N. (f) **edad**
    V. **envejecer**

agency   N. (f) **agencia**

ago   Adv. **hace**

agonizing   Adj. **angustioso**

agree   V. **concordar**
    V phr. **estar de acuerdo**

agreement   N. (m) **acuerdo**
    N. (f) **concordancia**
    N. (f) **conformidad**
Aguascalientes   Abb. **AG**
ah   Excl. **ah**
aha   Excl. **ajá**
aim at   V. **apuntar**
air conditioning   N. (m) **aire acondicionado**
airline   N. (f) **compañía aérea**
    N. (f) **línea aérea**
airplane   N. (m) **avión**
airport   N. (m) **aeropuerto**
aisle   N. (m) **pasillo**
alarm clock   N. (m) **despertador**
alcohol   N. (m) **alcohol**
Algiers   Prop. **Argel**
align   V. **alinear**
all   Adj. **todos, -as**
    Adj. **todo, toda**
all my life   Phr. **toda mi vida**
allergy   N. (f) **alergia**
allude to   V. **aludir**
almond tree   N. (m) **almendro**
almost always   Adv. **casi siempre**

almost never   Adv. **casi nunca**
alone   Adj. **solo**
alphabet   N. (m) **alfabeto**
already   Adv. **ya**
also   Phr. **por otra parte**
    Adv. **también**
altar   N. (m) **altar**
alternating current   Abb. **CA**
although   Conj. **aunque**
always   Adv. **siempre**
amazing   Adj. **alucinante**
ambassador   N. (m) **embajador**
ambience   N. (m) **ambiente**
ambush   N. (f) **trampa**
amen   Excl. **amén**
America   Prop. **América**
American (U.S.)   N. (m) **estadounidense**
amount   N. (f) **cantidad**
amplify   V. **ampliar**
América Latina   Abb. **AL**
anachronism   N. (m) **anacronismo**
analysis   N. (m) **análisis**
and   Conj. **y**
and so   Excl. **ea**
and/or   Abb. **y/o**

Andalusia
   Prop. **Andalucía**

Andalusian dance  N.
   (f) **sevillana**

anecdote  N. (f) **anécdota**

anesthetic  N.
   (m) **estupefaciente**

anesthetist  N.
   (m/f) **anestesista**

angle-poise lamp  N.
   (m) **flexo**

angry  Adj. **enfadado**

anguish  N. (f) **angustia**
   Excl. **huy**

anguished
   Adj. **angustioso**

animal  N. (m) **animal**

animated  Adj. **animado**

animation team  N.
   (f) **animadora**

announce  V. **anunciar**

announcer  N. (m) **locutor**

annoy  V. **fastidiar**
   V. **molestar**

annoyance  N. (m) **fastidio**

annoying  Adj. **pesado**

anonymity  N.
   (m) **anonimato**

answer  V. **contestar**
   V. **responder**
   N. (f) **respuesta**

answering machine  N.
   (m) **contestador**

antibiotic  N.
   (m) **antibiótico**

antiquated  Adj. **anticuado**

antiquity  N. (f) **antigüedad**

antonym  N. (m) **antónimo**

anxiety  N. (f) **angustia**
   N. (f) **ansia**

anxiolytic drug  N.
   (f) **ansiolítica**

any  Adj. **cualquier**

apart from that
   Adv. **además**

apartment  N.
   (m) **apartamento**
   Abb. **apto**
   N. (m) **piso**

apathetic  Adj. **apático**

aperitif  N. (m) **aperitivo**

apocopation  N.
   (m) **apócope**

apocope  N. (m) **apócope**

apologize  V
   ref. **disculparse**

apparently  Adv. **al parecer**

appeal (to someone)
   V. **molar**

appear  V. **aparecer**

appearance  N.
   (f) **aparición**

N. (f) **apariencia**
N. (f) **comparecencia**
applause   N. (m) **aplauso**
apple   N. (f) **manzana**
application   N. (f) **solicitud**
apply for   V. **solicitar**
appointment   N. (f) **cita**
appreciate   V ref. **preciarse**
approval   N. (f) **aprobación**
N. (m) **asentimiento**
approve   V. **aprobar**
April   N. (m) **abril**
apron   N. (m) **delantal**
Arab   Adj. **árabe**
Arabian   Adj. **árabe**
architect   N. (m) **arquitecto**
architecture   N.
(f) **arquitectura**
area   N. (m/f) **área**
N. (m) **recinto**
Argentina   Prop. **Argentina**
argue   V. **argumentar**
argument   N.
(m) **argumento**
arm   N. (m) **brazo**
arm in arm
Phr. **agarrados del brazo**
armchair   N. (f) **butaca**
N. (m) **sillón**
armed   Adj. **armado**

Armed Forces   Abb. **FF. AA.**
armed forces   N.
(f) **fuerzas armadas**
armed robbery   N.
(m) **atraco**
armour   N. (f) **armadura**
around   Prp. **alrededor de**
arrange to meet
someone   V
phr. **quedar con alguien**
arrival   N. (f) **llegada**
arrive   V. **llegar**
art   N. (m/f) **arte**
art gallery   N. (f) **galería de arte**
arthritis   N. (f) **artritis**
artichoke   N. (f) **alcachofa**
artisan   N. (m) **artesano**
as   Adv. **como**
Adv. **tan como**
as little as possible
Phr. **lo menos posible**
as time goes by   N.
(m) **paso del tiempo**
as you wish   Excl. **como quiera**
Asia   Prop. **Asia**
Asian   N. (m) **asiático**

ask   V. **preguntar**
        V. **rogar**
ask for   V. **pedir**
ask questions   V
        phr. **hacer preguntas**
asparagus   N.
        (m) **espárrago**
aspect   N. (m) **aspecto**
aspirin   N. (f) **aspirina**
assent   N.
        (m) **asentimiento**
assistance   N.
        (f) **asistencia**
associate   V. **asociar**
assume   V. **asumir**
assure   V. **asegurar**
astronaut   N.
        (m) **astronauta**
at symbol (@)   N.
        (f) **arroba**
at the end (of)   Phr. **a finales**
ATM   N. (m) **cajero automático**
atmosphere   N.
        (m) **ambiente**
        N. (f) **atmósfera**
atmospheric
        Adj. **atmosférico**
atonic   Adj. **átono**
attack   N. (f) **agresión**
        V. **atacar**

attempt   V. **intentar**
        N. (m) **intento**
attend   V. **asistir**
attend to   V. **atender**
attendant   N. (f) **celador**
attention   N. (f) **atención**
attentive   Adj. **atento**
Attorney General
        Abb. **PGR**
attract   V. **atraer**
attractive   Adj. **atractivo**
attribute   N. (m) **atributo**
audience   N. (f) **audiencia**
        N. (m) **público oyente**
augury   N. (m) **augurio**
August   N. (m) **agosto**
Australia   Prop. **Australia**
authentic   Adj. **castizo**
author   N. (m) **autor**
autobiography   N.
        (f) **autobiografía**
autograph   N.
        (m) **autógrafo**
autonomous region
        Prop. **Comunidad Autónoma**
autumn   N. (m) **otoño**
availability   N.
        (f) **disponibilidad**
avenue   N. (f) **avenida**
avoid   V. **evitar**

awaken  V. **despertar**
award-winning  N.
   (m) **laureado**
away from home
   Phr. **fuera de casa**

awful  Adj. **fatal**
ay  Excl. **ay**
Aztec  Adj. **azteca**

# B - b

babysitter  N. (m/f) **canguro**
bachelor party  N.
   (f) **despedida de soltero**
back  N. (f) **espalda**
   N. (m) **reverso**
back to front  Adv. **al revés**
backpack  N. (f) **mochila**
bacon  N. (m) **beicon**
bad luck  N. (f) **desventura**
   Excl. **mala suerte**
bad mistake (literally excrement)  N.
   (f) **cagada**
bad(ly)  Adv. **de pena**
badly  Adv. **mal**
bag  N. (f) **bolsa**
   N. (m) **bulto**
Baja California  Abb. **BCN**
Baja California Sur
   Abb. **BS**
bakery  N. (f) **panadería**
   N. (f) **pastelería**

balcony  N. (m) **balcón**
bald  Adj. **calvo**
ball  N. (m) **balón**
   N. (f) **pelota**
ballet  N. (m) **ballet**
balloon  N. (m) **globo**
ballsy  Excl. **cojonudo**
banana  N. (m) **plátano**
band  N. (f) **franja**
bandage  N. (f) **venda**
bang  Excl. **paf**
   Excl. **pum**
   Excl. **zas**
bank  N. (m) **banco**
baptize  V. **bautizar**
bar  N. (m) **bar**
   N. (m) **local**
   N. (f) **taberna**
Barcelona  Abb. **BCN**
bargain  N. (m) **chollo**
   V. **regatear**
bark  V. **ladrar**

barking   Adj. **ladrador**

barracks   N. (m) **cuartel**

barrel organ   N. (m) **organillo**

barrels per day   Abb. **bpd**

basic   Adj. **básico**

basically   Adv. **en principio**

basin   N. (f) **dársena**

basket   N. (f) **cesta**

basketball   N. (m) **baloncesto**

Basque Country   Prop. **País Vasco**

bath (tub)   N. (f) **bañera**

bathe   V ref. **bañarse**

bather   N. (m) **bañista**

bathroom   N. (m) **cuarto de baño**   N. (m) **servicios**

battery   N. (f) **batería**   N. (f) **pila**

battle   N. (f) **batalla**

BC (Before Christ)   Abb. **a. de J.C.**

be   V ref. **desvalorizarse**   V. **estar**   V. **ser**

be + ...ing   V phr. **estar + gerundio**

be a (temporary profession)   V phr. **estar de**

be about   V. **consistir en**   V ref. **tratarse**

be amazed (colloquial)   V. **flipar**

be based in/at   Adj. **afincado**

be based on   V ref. **basarse**   V. **estribar**

be bored   V ref. **aburrirse**

be born   V. **nacer**

be called   V ref. **llamarse**

be careful   Excl. **aguas**   V phr. **tener cuidado**

be connected   Adj. **enchufado**

be different   V ref. **diferenciarse**

be easy   V phr. **resultar fácil**

be emancipated   V ref. **emanciparse**

be embarrassed   V ref. **cortarse**

be enough   V. **bastar**

be equivalent   N. (m) **equivaler**

be exhausted   V phr. **estar hecho polvo**

be familiar with   V. **conocer**

be fed up  V phr. **estar
   harto**
be flooded with  V
   ref. **inundarse**
be good with people  N.
   (m) **don de gentes**
be guided  V ref. **guiarse**
be guided (by rules)  V
   ref. **regirse**
be hot  V phr. **tener calor**
be hungry  V phr. **tener
   hambre**
be immortalized
   V. **inmortalizar**
be in a bad mood  V
   phr. **estar de mal
   humor**
be in a cast
   Adj. **escayolado**
be in fashion  V phr. **estar
   de moda**
be in plaster
   Adj. **escayolado**
be in the habit of  V. **soler**
be in trouble  V ref. **liarse**
be left over  V. **sobrar**
be liked  V. **caer
   simpático**
   V. **gustar**
be missing  V. **faltar**
be necessary  V phr. **hacer
   falta**

be obsessed  V
   ref. **obsesionarse**
be recorded  V. **constar**
be right  V phr. **tener razón**
be scared  V phr. **pasar
   miedo**
be sick  N. (m) **vómito**
be surrounded by
   V. **rodear**
be thirsty  V phr. **tener sed**
be tired  V phr. **tener sueño**
be too many  V. **sobrar**
be used for  V. **servir**
be worried  V
   ref. **preocuparse**
be worth  V. **valer**
be wrong  V phr. **estar
   equivocado**
beach  N. (f) **playa**
beam  N. (f) **viga**
bear  N. (m) **oso**
beard  N. (f) **barba**
beat  V. **vencer**
beating  N. (f) **paliza**
beautiful  Adj. **hermoso**
   Adj. **precioso**
beauty  N. (f) **belleza**
beauty contest  N.
   (m) **concurso de
   belleza**

because   Phr. **debido a**
    Conj. **porque**

because of   Phr. **a causa de**

become   V ref. **convertirse**

bed   N. (f) **cama**

bedroom   N.
    (m) **dormitorio**

bedside table   N.
    (f) **mesilla de noche**

beef   N. (f) **ternera**

beer   N. (f) **cerveza**

before   Adv. **antes**

begin   V. **empezar**
    V. **iniciar**

beginning   N. (m) **inicio**

behave   V
    ref. **comportarse**
    V ref. **portarse**

behavior   N.
    (m) **comportamiento**
    N. (f) **conducta**

behind   N. (m) **culo**
    Prp. **detrás**

Belgium   N. (f) **Bélgica**

believe   V. **creer**

belly   N. (f) **barriga**
    N. (f) **tripa**

belly dancing   N. (f) **danza del vientre**

belong to   V. **pertenecer**

belonging   N.
    (f) **pertenencia**

below zero   Phr. **bajo cero**

belt   N. (m) **cinturón**

bend (over)   V. **doblar**

benefit from   V. **beneficiar**

beret   N. (f) **boina**

berth   N. (f) **litera**

beside   Prp. **al lado de**

besides   Adv. **además**

bet   V. **apostar**
    N. (f) **apuesta**

better   Adj. **mejor**

between   Prp. **entre**

between friends
    Phr. **entre amigos**

beverage   N.
    (f) **consumición**

beyond one's control
    Adj. **ajeno**

bible   N. (f) **biblia**

bicycle   N. (f) **bicicleta**

big   Adj. **grande**

big eater   N. (m) **comilón**

bikini   N. (m) **bikini**

bilingual   Adj. **bilingüe**

bill   N. (f) **factura**

billfold   N. (f) **cartera**

billiards   N. (m) **billar**

binder   N. (f) **carpeta**

binge   N. (f) **juerga**

biography   N. (f) **biografía**

biosphere   N. (f) **biosfera**

bird   N. (f) **ave**
N. (m) **pájaro**

birth   N. (m) **nacimiento**
Adj. **natal**

birthday   N.
(m) **cumpleaños**

biscuit   N. (f) **galleta**

bishop   N. (m) **obispo**

bit   N. (m) **pedazo**

black   Adj. **negro**

blackboard   N. (f) **pizarra**

blanket   N. (f) **manta**

blast it   Excl. **miéchica**

blender   N. (f) **batidora**

bless   V. **bendecir**

bless you   Excl. **Jesús**
Excl. **salud**

blind   Adj. **ciego**

blind date   N. (f) **cita a
ciegas**

blond   Adj. **rubio**

blood   N. (f) **sangre**

blood sausage   N.
(f) **morcilla**

bloody   Adj. **sanguínea**

blot   V. **emborronar**

blouse   N. (f) **blusa**

blow   N. (m) **golpe**
V. **soplar**

blue   Adj. **azul**

board   N. (m) **panel**
N. (m) **tablero**
N. (m) **tablón**

boarding gate   N.
(f) **puerta de
embarque**

boast   V. **presumir**

boat   N. (m) **barco**
N. (f) **embarcación**
N. (m) **navío**

body   N. (m) **cuerpo**

boil   V. **hervir**

Bolivia   Prop. **Bolivia**

bon appetit   Excl. **buen
apetito**
Excl. **buen provecho**

bon appétit   Excl. **que
aproveche**

bond   N. (m) **bono**
N. (f) **traba**

bone   N. (m) **hueso**

bonfire   N. (f) **hoguera**

bonus   N. (m) **bono**

book   N. (m) **libro**

booking   N. (f) **reserva**

bookstore   N. (f) **librería**

boom   Excl. **pum**

boots   N. (f) **bota**

Bordeaux   Prop. **Burdeos**
border   N. (f) **aduana**
      N. (f) **frontera**
bore   N. (m) **rollo**
boredom   N.
      (m) **aburrimiento**
boring   Adj. **aburrido**
      Adj. **soso**
boss   N. (m) **jefe**
bottle   N. (f) **botella**
bottled   Adj. **embotellado**
bottom   N. (m) **culo**
bouquet   N. (m) **ramo**
boutique   N. (f) **tienda de ropa**
bow   N. (m) **lazo**
      N. (f) **reverencia**
bow wow   Excl. **guau**
bowl   N. (m) **recipiente**
box   N. (f) **caja**
box office   N. (f) **ventanilla**
boy   N. (m) **chico**
      N. (m) **muchacho**
brace   N. (m) **freno**
brackets   N. (m) **paréntesis**
brake   N. (m) **freno**
branch   N. (f) **rama**
      N. (m) **ramo**
brave   Adj. **valiente**
bravery   N. (f) **valentía**
Brazil   Prop. **Brasil**

bread   N. (m) **pan**
break   N. (f) **fractura**
      V. **romper**
breakfast   N. (m) **desayuno**
break-up   N. (f) **ruptura**
breast   Adj. **mamario**
      N. (m) **pecho**
breathe   V. **respirar**
breathing   N.
      (f) **respiración**
bride   N. (f) **novia**
bridesmaid   N. (f) **dama de honor**
brilliant   Excl. **cojonudo**
      Adj. **genial**
bring   V. **proporcionar**
      V. **traer**
bring face to face
      V. **enfrentar**
bring together   V. **unir**
bristle   N. (f) **cerda**
broadcast   N. (f) **emisión**
brochure   N. (m) **catálogo**
broke   Phr. **sin blanca**
broken   Adj. **estropeado**
      Adj. **roto**
bronchitis   N. (f) **bronquitis**
bronzed   Adj. **bronceado**
brother-in-law   N.
      (m) **cuñado**

brothers   N. (m) **hermanos**
   Abb. **hnos.**

brothers and sisters
   Abb. **hnos.**

brown   Adj. **marrón**
   Adj. **moreno**

browned   Adj. **bronceado**

brush   N. (f) **brocha**

brush one's teeth   V
   phr. **lavarse los
   dientes**

Buenos Aires   Abb. **Bs.As.**

building   N. (m) **edificio**

building works   N.
   (f) **obras**

bulge   N. (m) **bulto**

bull   N. (m) **toro**

bull ring   N. (f) **plaza de
   toros**

bulletin   N. (m) **boletín**

bullfight   N. (f) **corrida de
   toros**

bullfighter   N. (m) **torero**

bun (bread)   N. (m) **bollo**

bunch   N. (m) **ramo**

bundle   N. (m) **bulto**

bunk   N. (f) **litera**

burial   N. (m) **entierro**

burn   V. **arder**

burnt   Adj. **quemado**

burro   N. (m) **burro**

burst   V. **pinchar**

bury   V. **sepultar**

bus   N. (m) **autobús**
   N. (m) **autocar**

bushes   N. (m) **matorral**

business   N. (m) **negocio**

business studies
   Prop. **Empresariales**

business trip   N. (m) **viaje
   de negocios**

businessman   N.
   (m) **empresario**

busy   Adj. **liado**

busybody   N. (m) **mirón**

but   Conj. **pero**

butchers   N. (f) **carnicería**

butler   N. (m) **mayordomo**

butterfly   N. (f) **mariposa**

buttocks   N. (m) **glúteos**

button   N. (m) **botón**

buy   V. **comprar**

buy a ticket   V phr. **sacar
   una entrada**

by contrast   Phr. **en
   cambio**

by God   Excl. **por Dios**

by means of
   Prp. **mediante**

bye   Excl. **chau**

# C - c

c'mon   Excl. **sí hombre**
cabbage   N. (m) **repollo**
cable   N. (m) **cable**
café   N. (m) **café**
cake   N. (m) **pastel**
    N. (f) **tarta**
calamari   N. (m) **calamar**
calculate   V. **calcular**
calendar   N. (m) **calendario**
California   Prop. **California**
call   V. **llamar**
call to a meeting   N.
    (f) **convocatoria**
call together   V. **convocar**
calligraphy   N. (f) **caligrafía**
calm   N. (f) **calma**
    Adj. **sereno**
calm down   V. **tranquilizar**
calves   N. (m) **gemelos**
camera   N. (f) **cámara**
camomile   N.
    (f) **manzanilla**
camp ground   N.
    (m) **camping**
Campeche   Abb. **CM**
camping   N. (f) **acampada**

can   N. (f) **lata**
    V. **poder**
Canada   Prop. **Canadá**
canal   N. (m) **canal**
canapé   N. (m) **canapé**
Canary Islands
    Prop. **Islas Canarias**
candidate   N.
    (m) **candidato**
candle   N. (m) **candil**
candy   N. (m) **bombón**
    N. (m) **caramelo**
    N. (f) **golosina**
capable   Adj. **capaz**
capacity   N. (f) **capacidad**
capital   N. (f) **capital**
capital letter   N. (f) **letra**
    **mayúscula**
capricious
    Adj. **caprichoso**
capture   N. (f) **captura**
car   N. (m) **automóvil**
    N. (m) **coche**
card   N. (f) **ficha**
    N. (f) **tarjeta**
cardboard   N. (m) **cartón**
    N. (f) **cartulina**

cardboard box N. (m) **cartón**

cardinal number N. (m) **número cardinal**

cardinal point N. (m) **punto cardinal**

cards N. (f) **cartas**

care N. (m) **cuidado**

career N. (f) **carrera** N. (f) **trayectoria**

caregiver N. (m) **cuidador**

caretaker N. (m) **cuidador**

caretaker's office N. (f) **portería**

Caribbean Prop. **Caribe**

carnival N. (m) **carnaval**

carpet N. (f) **alfombra**

carriage N. (m) **carro** N. (f) **carroza**

carrot N. (f) **zanahoria**

carry V. **llevar**

carry out V. **cumplir** V phr. **llevar a cabo**

carrying out N. (m) **desempeño**

cash (slang) N. (f) **pasta**

cash withdrawal N. (f) **retirada de efectivo**

cashier N. (f) **cajera**

cash-point N. (m) **cajero automático**

castle N. (m) **castillo**

cat N. (m) **gato**

Catalan Adj. **catalán**

catch a disease V phr. **contraer una enfermedad**

catch sight of V. **entrever**

category N. (f) **categoría**

catering N. (f) **hostelería**

cathedral N. (f) **catedral**

catholic Adj. **católico**

catholisicm N. (m) **catolicismo**

cattle N. (m) **ganado**

caught Adj. **atrapado**

cauliflower N. (m) **coliflor**

cause a good impression V phr. **quedar bien**

cause pain V phr. **hacer daño**

cavalcade N. (f) **cabalgata**

cavalry N. (f) **caballería**

cave N. (f) **caverna** N. (f) **cueva**

cavern N. (f) **caverna**

cease V. **cesar**

ceiling N. (m) **techo**

celebrate  V. **celebrar**

celestial body  N.
 (m) **cuerpo celeste**

cent  N. (m) **céntimo**

centenary  V. **centenar**

center  N. (m) **centro**

centre  N. (m) **centro**

century  N. (m) **siglo**

ceremony  N.
 (f) **ceremonia**

certain  Adj. **cierto**
 Adj. **determinado**

certified  Adj. **titulado**

chain  N. (f) **cadena**

chair  N. (f) **silla**

chalet  N. (m) **chalé**

challenge  N. (m) **reto**

championship  N.
 (m) **campeonato**

change  V. **cambiar**
 V ref. **cambiarse**
 N. (m) **cambio**

changing room  N.
 (m) **probador**

channel  N. (m) **canal**

channel-hopping  N.
 (m) **zapping**

chapel  N. (f) **capilla**

character  N. (m) **carácter**
 N. (m) **personaje**

character traits  N.
 (f) **señas de identidad**

characteristic  N.
 (m) **rasgo**

characteristics  N.
 (f) **características**

charge  N. (m) **cargo**
 V. **cobrar**

charger  N. (m) **cargador**

charm  N. (m) **encanto**

chase  V. **perseguir**

chat  V. **charlar**
 V. **chatear**

cheap  Adj. **barato**
 Adj. **tacaño**

cheat on  V. **engañar**

check  V. **comprobar**
 V. **verificar**

check out girl  N. (f) **cajera**

check-in  N. (f) **facturación**

cheer  N. (m) **ánimo**

cheer up  V. **animar**

cheerleader  N.
 (f) **animadora**

cheers  Excl. **nos vemos**
 Excl. **salud**

cheese  N. (m) **queso**

chemist  N.
 (m) **farmacéutico**

chess  N. (m) **ajedrez**

chess match N. (m) **partido de ajedrez**

chest of drawers N. (f) **cajonera** N. (f) **cómoda**

Chiapas Abb. **CS**

chicken N. (m) **pollo**

Chihuahua Abb. **CH**

child N. (m) **niño**

childhood N. (f) **infancia** N. (f) **niñez**

child-like Adj. **infantil**

chimney N. (f) **chimenea**

chin N. (f) **barbilla**

China Prop. **China**

Chinese Adj. **chino**

chip N. (f) **astilla** N. (f) **ficha**

chocolate N. (m) **chocolate**

choir N. (m) **coro**

choose V. **elegir** V. **escoger**

chop N. (f) **chuleta**

chores N. (m) **deberes**

christen V. **bautizar**

Christmas Prop. **Navidad**

Christmas Eve Prop. **Nochebuena**

chronic Adj. **crónico**

chronologically Adv. **cronológicamente**

church N. (f) **capilla** N. (f) **iglesia**

churro (type of fried dough) N. (m) **churro**

cigar N. (m) **cigarro** N. (m) **puro**

Cinderella Prop. **Cenicienta**

cinema N. (m) **cine**

cinematography N. (f) **cinematografía**

circle N. (m) **círculo**

circulate V. **circular**

circumstance N. (f) **circunstancia**

citizen N. (m) **ciudadano** N. (m) **ciudadano**

city N. (f) **ciudad** N. (f) **urbe**

city center N. (f) **zona central**

city counselor N. (m/f) **concejal**

civil Adj. **civil**

civil guard N. (m/f) **guardia civil**

Civil War  Prop. **Guerra Civil**

civilization  N. (f) **civilización**

clap  N. (f) **palmadita**

clapping  N. (f) **palmas**

clarity  N. (f) **claridad**

class  N. (f) **clase**

classic  Adj. **clásico**

classify  V. **clasificar**

classmate  N. (m) **compañero**

classroom  N. (f) **aula**

clean  V. **limpiar**
Adj. **limpio**

cleanliness  N. (f) **limpieza**

clear  Adj. **claro**

clear up  V. **aclarar**

clearance sale  N. (f) **liquidación**

clerk  N. (m) **funcionario**

cliché  N. (m) **cliché**

client  N. (m) **cliente**

cliff  N. (f) **peña**

climate  N. (m) **clima**

climatology  N. (f) **climatología**

climb  V. **escalar**

clock  N. (m) **reloj**

clog  N. (m) **zueco**

cloning  N. (f) **clonación**

close  V. **cerrar**
V. **clausurar**

close to  Prp. **cerca**

closed  Adj. **cerrado**

cloth  N. (f) **tela**
N. (m) **trapo**

clothes  N. (f) **ropa**

clothes hanger  N. (f) **percha**

clothes shop  N. (f) **tienda de ropa**

cloud  N. (f) **nube**

cloudy  Adj. **nublado**

clove  N. (m) **clavo**

clown  N. (m) **payaso**

club  N. (m) **palo**
N. (f) **peña**

coach  N. (m) **autocar**

Coahuila  Abb. **CI**

coal oven  N. (f) **brasa**

coarse  Adj. **basto**

coast  N. (f) **costa**

coat  N. (m) **abrigo**

cobbler  N. (m) **zapatero**

cock  N. (m) **gallo**

cod  N. (m) **bacalao**

code  N. (f) **clave**

co-existence  N. (f) **convivencia**

coffee   N. (m) **café**

coffee machine   N.
  (f) **cafetera**

coffee pot   N. (f) **cafetera**

cognac   N. (m) **coñac**

coherence   N.
  (f) **coherencia**

cohesion   N. (f) **cohesión**

coin   N. (f) **moneda**

coincide   V. **coincidir**

coincidence   N.
  (f) **casualidad**

cold   Adj. **frío**
  N. (f) **gripe**

cold cut   N. (m) **fiambre**

cold cuts   N.
  (f) **charcutería**

cold cuts (pork
  derivatives)   N.
  (m) **embutido**

cold tomato soup   N.
  (m) **gazpacho**

Colima   Abb. **CL**

colleague   N. (m/f) **colega**
  N. (m) **compañero**

collection   N. (f) **colección**

collective   N. (m) **colectivo**

collegiate   N.
  (m) **colegiado**

cologne   N. (f) **colonia**

colon   N. (m) **dos puntos**

colonel   N. (m) **colonel**
  N. (m) **coronel**

color TV   N. (f) **televisión
  en color**

colour   N. (m) **color**

Columbia   Prop. **Colombia**

column   N. (f) **columna**

comb   V ref. **peinarse**
  N. (m) **peine**

combat   N. (m) **combate**

combine   V. **combinar**

come   V. **venir**

come back   V. **regresar**

come closer   V. **acercar**

come face to face   V
  phr. **encontrarse de
  frente**

come from   V. **estribar**

come in   Excl. **adelante**

come on   Excl. **alá**
  Excl. **anda**
  Excl. **hala**
  Excl. **hala**
  Excl. **órale**
  Excl. **qué va**

comfort   N. (f) **comodidad**

comfortable   Adj. **cómodo**

comic   N. (m) **tebeo**

comma   N. (f) **coma**

command   N. (m) **dominio**
comment   N.
   (m) **comentario**
commerce   N.
   (m) **comercio**
commercial
   Adj. **comercial**
commit   V. **cometer**
commit suicide   V
   ref. **suicidarse**
commit to   V
   ref. **comprometerse**
commitment   N.
   (m) **compromiso**
communicate
   V. **comunicar**
communicative
   Adj. **comunicativo**
communist   N.
   (m/f) **comunista**
community   N.
   (f) **comunidad**
companion   N.
   (m) **compañero**
company   N. (f) **empresa**
comparative   N.
   (m) **comparativo**
compare   V. **comparar**
   V. **contrastar**
compass   N. (f) **brújula**

compensation   N.
   (f) **indemnización**
competition   N.
   (f) **competencia**
complain   V
   ref. **lamentarse**
   V phr. **quejarse**
complaint   N.
   (f) **reclamacíon**
complete   V. **completar**
completely
   Adv. **completamente**
   Adv. **plenamente**
complexed
   (pyschologically)
   Adj. **acomplejado**
complicated
   Adj. **complicado**
compliment   N.
   (m) **cumplido**
   N. (m) **piropo**
compose   V. **componer**
compulsive
   Adj. **compulsivo**
computer   N.
   (m) **ordenador**
concede   V. **conceder**
concentrate   V
   ref. **concentrarse**
concentration   N.
   (f) **concentración**

concept  N. (m) **concepto**

concert  N. (m) **concierto**
N. (m) **recital**

conclude  V. **concluir**

conclusion  N.
(f) **conclusión**

condition  N. (f) **condición**

conference  N.
(f) **conferencia**
N. (m) **congreso**

confession  N.
(f) **confesión**

confidence  N.
(f) **confianza**

confirm  V. **confirmar**
V. **constatar**

confirmation  N.
(f) **confirmación**

confirmed bachelor  N.
(m) **solterón**

conflict  N. (m) **conflicto**

conflictive  Adj. **conflictivo**

confront  V. **enfrentar**

confusing  Adj. **confuso**

congratulate  V. **felicitar**

congratulations
Excl. **enhorabuena**
Excl. **enhorabuena**
Excl. **felicidades**

congressman  N.
(m) **diputado**

conjecture  N. (f) **conjetura**

conjugation  N.
(f) **conjugación**

conjunction  N.
(f) **conjunción**

connect  V. **conectar**

connector  N. (m) **conector**

conquer  V. **vencer**

consent  N.
(m) **asentimiento**
N.
(m) **consentimiento**

conservation  N.
(f) **conservación**

consider  V. **considerar**

consolation  N.
(m) **consuelo**

console  V. **consolar**

consolidation  N.
(m) **afianzamiento**

consortium  N.
(m) **consorcio**

constantly
Adv. **constantemente**

consternation  N.
(m) **sobresalto**

constitution  N.
(f) **constitución**

construct  V. **construir**

construction  N.
(f) **construcción**

construction site N.
(f) **obras**

consul N. (m) **cónsul**

consult V. **consultar**

consultancy N.
(m) **consultorio**

consume V. **consumir**

consumerist N.
(m/f) **consumista**

consumption N.
(m) **consumo**

contact N. (m) **contacto**

contact someone V
phr. **ponerse en contacto con**

contain V. **contener**

container N.
(m) **contenedor**
N. (m) **envase**
N. (m) **recipiente**

contamination N.
(f) **contaminación**

contemporary
Adj. **contemporáneo**

content N. (m) **contenido**

contest N. (m) **certamen**
N. (m) **concurso**

context N. (m) **contexto**

continuation N.
(f) **continuación**

continue V. **continuar**
V. **seguir**

contract V. **contraer**

contraction N.
(f) **contracción**

contracture N.
(f) **contractura**

contrast N. (m) **contraste**

contrast with
V. **contrastar**

contribute V. **aportar**

contribution N.
(f) **aportación**

control N. (m) **control**
V. **controlar**

control position N.
(m) **puesto de mando**

convalescence N.
(f) **convalecencia**

convenient
Adj. **conveniente**

convent N. (m) **convento**

conversation N.
(f) **conversación**

convert V. **convertir**

convertible (car) N.
(m) **descapotable**

convince V. **convencer**

cook V. **cocinar**

cookie N. (f) **galleta**

coordinate  v. **coordinar**

cope  V ref. **desenvolverse**

copper  N. (m) **cobre**

copy  N. (f) **copia**

cord  N. (f) **cuerda**

cork  N. (m) **corcho**

corn  N. (m) **maíz**

corner  N. (f) **esquina**
 N. (m) **rincón**

cornet  N. (m) **barquillo**

corny  Adj. **cursi**

corporal  Adj. **corporal**

correct  Adj. **correcto**
 V. **corregir**

correction  N.
 (f) **corrección**

correspond
 V. **corresponder**

correspond with  v
 phr. **mantener**
 **correspondencia**

corresponding
 Adj. **correspondiente**

corridor  N. (m) **pasillo**

corrupt  Adj. **corrupto**

cost  V. **costar**

cotton  N. (m) **algodón**

couchette  N. (f) **litera**

cough  N. (f) **tos**
 V. **toser**

councilman  N.
 (m/f) **concejal**

count  V. **contar**

counter  N. (m) **mostrador**
 N. (f) **ventanilla**

countess  N. (f) **condesa**

country  N. (m) **país**

country estate  N.
 (m) **cortijo**

countryman  N.
 (m) **paisano**

countryside  N. (m) **paisaje**

coup d'etat  N. (m) **golpe**
 **de estado**

couple  N. (f) **pareja**

courage  Excl. **ánimo**

courgette  N. (m) **calabacín**

course  N. (m) **curso**

courtesy  N. (f) **cortesía**

cousin  N. (f) **prima**
 N. (m) **primo**

cover  V. **cubrir**
 V. **tapar**

cow  N. (f) **vaca**

cowboy movie  N.
 (f) **película de**
 **vaqueros**

cozy  Adj. **acogedor**

craftiness  N. (f) **picardía**

crafts  N. (f) **artesanía**

craving N. (m) **capricho**

craziness N. (f) **locura**

crazy Adj. **loco**

create V. **crear**
V. **montar**

creation N. (f) **creación**

creator N. (m) **creador**

credit N. (m) **crédito**

credit card N. (f) **tarjeta de crédito**

creeper (vine) N. (f) **enredadera**

cretin N. (m) **cretino**

crime N. (m) **crimen**
N. (f) **criminalidad**

crisis N. (f) **crisis**

crockery N. (m) **cacharros**

cross V. **atravesar**
V. **cruzar**

cross out V. **tachar**

crossword N. (m) **crucigrama**

crow N. (m) **cuervo**

crowd N. (f) **peña**
N. (m) **remolino**

crown N. (f) **corona**

crucifix N. (m) **crucifijo**

crude Adj. **crudo**

crude oil N. (m) **petróleo**

cry V. **llorar**

Cuba Prop. **Cuba**

Cuban Adj. **cubano**

cucumber N. (m) **pepino**

cultural Adj. **cultural**

culturally Adv. **culturalmente**

culture N. (f) **cultura**

cultured Adj. **culto**

cure N. (m) **cura**

cured ham N. (m) **jamón serrano**

curiosity N. (f) **curiosidad**

curious Adj. **curioso**

curly Adj. **rizado**

curtain N. (f) **cortina**

custom N. (f) **costumbre**

customer care Phr. **atención al usuario**

customs N. (f) **aduana**

cut V. **cortar**

cut oneself V ref. **cortarse**

cut short V. **acortar**

cutlery N. (f) **cubertería**

CV N. (m) **curriculum vitae**

cycle N. (m) **ciclo**

Czech Adj. **checo**

# D - d

dairy product   N.
    (m) **producto lácteo**

damn   Excl. **carajo**
    Excl. **chucha**
    Excl. **coño**
    Excl. **maldito**
    Excl. **miéchica**

dance   V. **bailar**
    N. (m) **baile**

dancer   N. (m) **bailarín**

danger   N. (m) **peligro**

dangerous   Adj. **peligroso**

Danish   Adj. **danés**

dare   V ref. **atreverse**

dark   Adj. **oscuro**

dark-haired   Adj. **moreno**

dash   N. (m) **guión**

date   N. (f) **cita**
    N. (m) **dato**
    N. (f) **fecha**

daughter   N. (f) **hija**

dawn   N. (m) **amanecer**
    N. (m) **crepúsculo**
    N. (f) **madrugada**

day   N. (m) **día**

day dream   N.
    (f) **ensoñación**

day laborer   N.
    (m) **jornalero**

dead   Adj. **muerto**

dead easy   Adj. **tirado**

deadline   N. (m) **plazo**

deaf   Adj. **sordo**

deal with   V. **tramitar**

death   N. (f) **muerte**

debut   N. (m) **debut**

decade   N. (f) **década**

deceased   N. (m/f) **difunto**

deceive   V. **engañar**

December   N.
    (m) **diciembre**

decide   V. **decidir**

decide to   V. **optar**

decision   N. (f) **decisión**

deck (of cards)   N.
    (f) **baraja**

declare   V. **declarar**
    V. **manifestar**

decorate   V. **decorar**

decoration   N. (m) **adorno**

dedicate   V. **dedicar**

deduce   V. **deducir**

deed   N. (m) **hecho**

deep   Adj. **profundo**

deeply
     Adv. **profundamente**

defeat   V. **vencer**

defective   Adj. **defectuoso**

defend   V. **defender**

define   V. **definir**

definite article   N.
     (m) **artículo determinado**

degree   N. (f) **carrera**
     N. (f) **titulación**

degree (in)   N.
     (f) **licenciatura**

delay   V. **aplazar**
     V. **retrasar**
     N. (m) **retraso**
     N. (f) **tardanza**

delighted   Adj. **encantado**

democratically
     Adv. **democráticamente**

demon   N. (m) **demonio**

demonstrate
     V. **manifestar**

demonstration   N.
     (f) **manifestación**

demonstrative pronoun
     N. (m) **demostrativo**

demote someone
     V. **destituir**

Denmark   Prop. **Dinamarca**

denotes incredulity
     Excl. **quia**

dentist   N. (m) **dentista**

deny   V. **desmentir**
     V. **negar**

department   N.
     (m) **departamento**
     Abb. **dpto**

department store   N.
     (m) **grandes almacenes**

depend   V. **depender**

depend on something
     V. **depender de algo**

depending on   Prp. **según**

deposit   N. (m) **depósito**

depressed   Adj. **deprimido**

derive from   V. **derivar**

descend   V. **bajar**

describe   V. **describir**

description   N.
     (f) **descripción**

desert   N. (m) **desierto**

designer   N. (m) **diseñador**

desk   N. (m) **escritorio**
     N. (m) **pupitre**

desperate
     Adj. **desesperado**

dessert   N. (m) **postre**

destination, destiny   N.
     (m) **destino**

destroy   V. **destruir**

detached   Adj. **ajeno**

detached (house)   N. (m) **adosado**

detail   N. (m) **detalle**
     N. (m) **pormenor**

detain   V. **detener**

detective   N. (m/f) **detective**

deterioration   N. (m) **deterioro**

develop   V. **desarollar**
     V. **elaborar**
     V. **evolucionar**
     V. **gestar**

devil   N. (m) **demonio**

dial   N. (m) **dial**

dialogue   N. (m) **diálogo**

diary   N. (f) **agenda**
     N. (m) **diario**

dictate   V. **dictar**

dictation   N. (m) **dictado**

dictatorship   N. (f) **dictadura**

dictionary   N. (m) **diccionario**

die   V. **fallecer**
     V. **morir**

diet   N. (f) **dieta**

dietetics   N. (f) **dietética**

differ   V ref. **diferenciarse**

difference   N. (f) **diferencia**

different   Adj. **diferente**
     Adj. **distinto**

difficult   Adj. **difícil**

difficulty   N. (f) **dificultad**

dignity   N. (f) **dignidad**
     N. (f) **honra**

diminutive   N. (m) **diminutivo**
     Adj. **diminuto**

diner   N. (m/f) **comensal**

dining room   N. (m) **comedor**

dinner   N. (f) **cena**

dinner guest   N. (m/f) **comensal**

dinner service   N. (f) **vajilla**

diphthong   N. (m) **diptongo**

diploma (in)   N. (f) **diplomatura**

diplomat   N. (m) **diplomático**

direct   Adj. **directo**

director   N. (m) **director**

dirt cheap   Adj. **tirado**

dirty   Adj. **sucio**

disadvantage   N. (f) **desventaja**
     N. (m) **inconveniente**

disagree   V phr. **estar en desacuerdo**

disagreement   N. (m) **desacuerdo**

disappear
V. **desaparecer**

disappearance  N.
(m) **extravio**

disappeared
Adj. **desaparecido**

disappointment  N.
(f) **decepción**
Excl. **pucha**

disaster  N. (m) **desastre**

disastrous
Adj. **desastroso**

discard  V. **desechar**

discharge  N. (m) **flujo**

disciple  N. (m) **discípulo**

discipline  N. (f) **disciplina**

disconnect
V. **desconectar**

discotheque  N.
(f) **discoteca**

discount  N. (m) **descuento**

discourteous
Adj. **descortés**

discover  V. **descubrir**

discovery  N.
(m) **descubrimiento**

discreet  Adj. **discreto**

discuss  V. **discutir**

disgrace  N. (f) **vergüenza**

disguise oneself  V
ref. **disfrazarse**

disgusting  Adj. **asqueroso**

disinfect  V. **desinfectar**

disk  N. (m) **disco**

dislike  V. **despreciar**
V. **disgustar**

dismissal (from work)  N.
(m) **despido**

disorganized
Adj. **desorganizado**

disrespect  V. **despreciar**

distance  N. (f) **distancia**

distant  Adj. **lejano**

distinction  N. (f) **distinción**

distressing
Adj. **angustioso**

distribute  V. **distribuir**

distribution  N.
(f) **distribución**

distributor  N.
(m) **distribuidor**

disturb  V. **molestar**

disturbed  N.
(f) **perturbación**

ditch  N. (f) **cuneta**

diversity  N. (f) **diversidad**

divide  V. **dividir**

divide up the bill  Phr. **a escote**

division  N. (f) **división**

divorce  N. (m) **divorcio**

divorced  Adj. **divorciado**

dizzy  Adj. **mareado**

do  V. **hacer**
V. **realizar**

do not dare  Excl. **sácate**

do not even think it
Excl. **sácate**

do something again  V
phr. **volver a +
infinitivo**

dock  N. (f) **dársena**

doctor  N. (m) **médico**

doctor office  N.
(m) **consultorio**

document  N.
(m) **documento**

documentary  N.
(m) **documental**

dog  N. (m) **perro**

do-it-yourself  N.
(m) **bricolaje**

doll  N. (f) **muñeca**

doll (paper-mâché)  N.
(f) **pepona**

dollar  N. (m) **dólar**

dollars  Abb. **dls**

domain  N. (m) **dominio**

domestic  Adj. **doméstico**

domestic appliance  N.
(m) **trasto**

domestic help  N.
(m) **servicio
doméstico**

don't mention it  Excl. **de
nada**

donkey  N. (m) **burro**

doomed  Adj. **aciago**

door  N. (f) **puerta**

doorway  N. (m) **portal**

dose  N. (f) **dosis**

double  Adj. **doble**

double parked  Phr. **en
doble fila**

doubt  N. (f) **duda**
V. **dudar**

down  Prp. **abajo**

downstairs  Prp. **abajo**

downtown  N. (f) **zona
central**

dozens  Adj. **decenas**

Dr.  Abb. **Dr.**

draft  N. (f) **maqueta**
V. **trazar**

draft beer (small)  N.
(f) **caña**

drama  N. (m) **drama**

draw  V. **dibujar**

drawer  N. (m) **cajón**

drawing  N. (m) **dibujo**

dream  V. **soñar**
N. (m) **sueño**

dream holiday  N. (m) **viaje
de ensueño**

dreamlike  Adj. **onírica**

dress   N. (m) **vestido**

dress up   V ref. **disfrazarse**

drink   V. **beber**
N. (f) **bebida**
N. (f) **copa**

drinking (alcohol)   N.
(m) **copeo**

drive   V. **conducir**
V phr. **dar una vuelta**

drive forward   V. **impulsar**

drive someone crazy
V. **enloquecer**

driver   N. (m) **conductor**
N. (m) **piloto**

driving licence   N.
(m) **carné de conducir**

drizzle   N. (f) **llovizna**

drought   N. (f) **sequía**

Drs.   Abb. **Drs.**

drug   N. (f) **droga**
N. (m) **estupefaciente**

drum   N. (m) **tambor**

dry   Adj. **seco**

dry sherry   N.
(f) **manzanilla**

due to   Phr. **debido a**

dumb   Adj. **bobo**
Adj. **mudo**

dump   N. (m) **vertido**

Durango   Abb. **DU**

duration   N. (f) **duración**

during   Adv. **durante**

during the week
Phr. **entre semana**

dusk   N. (m) **atardecer**

dust   N. (m) **polvo**

duty   N. (m) **impuesto**

dwarf   N. (m) **enano**

dwelling   N. (f) **vivienda**

dye   V ref. **teñirse**
N. (f) **tinta**

# E - e

ear   N. (f) **oreja**

earlier   Adj. **anterior**

early   Adj. **temprano**

earn   V. **cobrar**

earn one's living   V
phr. **ganarse la vida**

earpiece   N. (m) **auricular**

earring   N. (m) **pendiente**

earth   N. (f) **tierra**

**earthenware jar** N.
(m) **botijo**

**east** N. (m) **este**

**East European** N.
(m) **europeo oriental**

**Easter** Prop. **Semana Santa**

**easy** Adj. **fácil**

**easy chair** N. (f) **butaca**

**eat** V. **comer**

**eccentric** Adj. **excéntrico**

**ecological** Adj. **ecológico**

**ecologist** N.
(m/f) **ecologista**

**economical** Adj. **económico**

**economically** Adv. **económicamente**

**Economics** Prop. **Económicas**

**economist** N.
(m/f) **economista**

**economy** N. (f) **economía**

**educate** V. **educar**

**education** N.
(f) **educación**

**educational** Adj. **educativo**

**effective** Adj. **efectivo**

**effervescent** Adj. **efervescente**

**efficient** Adj. **eficaz**

**egg** N. (m) **huevo**

**egg-timer** N. (m) **reloj de arena**

**egocentric** N.
(m) **egocéntrico**

**Egypt** Prop. **Egipto**

**eight** Num. **ocho**

**eighteen** Num. **dieciocho**

**eighty** Num. **ochenta**

**elbow** N. (m) **codo**

**elections** N. (f) **elecciones**

**electric** Adj. **eléctrico**

**electricity** N.
(f) **electricidad**

**elegant** Adj. **elegante**

**element** N. (m) **elemento**

**eleven** Num. **once**

**email** N. (m) **correo electrónico**

**emancipate oneself** V
ref. **emanciparse**

**embassy** N. (f) **embajada**

**ember** N. (f) **brasa**

**embitter** V ref. **avinagrarse**

**embrace** N. (m) **abrazo**

**emigrant** N.
(m/f) **emigrante**

emigrate   V. **emigrar**

emotion   N. (f) **emoción**

emperor   N. (m) **emperador**

emphatic   Adj. **enfático**

emphatically
     Adv. **enfáticamente**

empire   N. (m) **imperio**

empirical   Adj. **empírico**

empty   Adj. **vacío**

encourage   V. **animar**

encouraging
     Adj. **esperanzado**

end   N. (m) **fin**
     V phr. **poner fin a**
     V. **terminar**

end up   V. **concluir**

ending   N. (f) **terminación**

engagement   N.
     (m) **noviazgo**

engine driver   N.
     (m/f) **maquinista**

engineer   N. (m) **ingeniero**
     N. (m/f) **maquinista**

England   N. (f) **Inglaterra**

English   N. (m) **inglés**

enigma   N. (m) **enigma**

enjoy   V. **disfrutar**

enjoy your meal
     Excl. **buen apetito**

     Excl. **buen provecho**
     Excl. **que aproveche**

enjoyable   Adj. **agradable**
     Adj. **divertido**

enlighten   V. **alumbrar**

enormous   Adj. **enorme**
     Adj. **inmenso**

enough   Excl. **basta**
     Adj. **bastante**
     Adj. **suficiente**

enrich   V. **enriquecer**

enrichment   N.
     (m) **enriquecimiento**

enroll   V ref. **matricularse**

enrolment   N. (f) **matrícula**

ensure   V. **asegurar**

enter   V. **entrar**
     V. **ingresar**

entertaining
     Adj. **entretenido**

enthusiasm   N.
     (m) **entusiasmo**

enthusiastic
     Adj. **entusiasta**

entitled   Adj. **titulado**

entrance   N. (m) **ingreso**

envelope   N. (m) **sobre**

envy   V. **envidiar**

epigraph   N. (m) **epígrafe**

**Episcopal Chapter**
Prop. **Conferencia Episcopal**

**epoch** N. (f) **época**

**equal** Adj. **igual**

**equality** N. (f) **igualdad**

**equipped** Adj. **acondicionado**

**erase** V. **borrar**

**eraser** N. (m) **borrador**
N. (f) **goma**

**erect** Adj. **erguido**

**erroneous** Adj. **erróneo**

**error** N. (m) **error**

**escalope** N. (m) **escalope**

**escape** V. **escapar**

**espresso** N. (m) **café solo**

**essential** N.
(m) **imperativo**
Adj. **indispensable**

**establish** V ref. **arraigarse**
V. **establecer**

**establish oneself** V
ref. **afianzarse**
V. **consagrar**

**establishment** N.
(m) **establecimiento**

**estate** N. (f) **finca**

**esteem** V. **estimar**

**estimate** N.
(m) **presupuesto**

etc.) V. **bajar**

**eternal** Adj. **eterno**

**Etruscan** Adj. **etrusco**

**euro** N. (m) **euro**

**Europe** Prop. **Europa**

**European Union**
Prop. **Unión Europea**

**euthanasia** N.
(f) **eutanasia**

**evaluate** V. **evaluar**
V. **valorar**

**evaluation** N.
(f) **valoración**

**even** Adv. **incluso**

**even (number)** Adj. **par**

**evening** N. (m) **atardecer**
Excl. **buenas tardes**
Adj. **nocturno**

**event** N.
(m) **acontecimiento**
N. (m) **evento**
N. (m) **suceso**

**ever** Adv. **alguna vez**

**every** Adj. **cada**

**everyday** Adj. **cotidiano**

**evident** Adj. **evidente**

**evoke** V. **evocar**

**ew** Excl. **guácala**
Excl. **puaj**

**exact** Adj. **exacto**
Adj. **preciso**

exactly   Adv. **exactamente**

exaggerate   V. **exagerar**

exaggerated
    Adj. **exagerado**

exaggerator   N.
    (m) **cuentista**

exaltation   N. (f) **exaltación**

exam   N. (m) **certamen**
    N. (m) **examen**

examination   N.
    (f) **convocatoria**

example   N. (m) **ejemplo**

excellent   Adj. **excelente**

except   Prp. **excepto**

exceptionally gifted
    Adj. **superdotado**

excess   N. (m) **exceso**

exchange   N.
    (m) **intercambio**

excited   Adj. **emocionado**
    Adj. **ilusionado**

excitement   N. (f) **ilusión**

exciting   Adj. **emocionante**
    Adj. **excitante**

exclamation   N.
    (f) **exclamación**

exclusively
    Adv. **exclusivamente**

excursion   N. (f) **excursión**

excuse   N. (f) **excusa**

excuse me   Excl. **permiso**

execution   N.
    (m) **fusilamiento**

executioner   N.
    (m) **verdugo**

executive   N. (m) **ejecutivo**

exercise   N. (m) **ejercicio**

exhaust pipe   N. (m) **tubo
de escape**

exhausted   Adj. **agotado**

exhibition   N.
    (f) **exposición**

exist   V. **existir**

exit   N. (f) **salida**

exotic   Adj. **exótico**

expensive   Adj. **caro**

experience   N.
    (f) **experiencia**

expire   V. **fallecer**

explain   V. **explicar**

explanation   N.
    (f) **aclaración**

explode blow up
    V. **estallar**

express   V. **expresar**

Expresses anger
    Excl. **lechuga**

expresses pity
    Excl. **pucha**

expresses unpleasantness Excl. **buf**

expression N. (f) **locución**

expression of encouragement and approval Excl. **olé**

expression of pain Excl. **huy**

expression used when answering the phone Excl. **bueno**

expressive Adj. **expresivo**

exquisite Adj. **exquisito**

extend V. **prolongar**
V. **renovar**

extended Adj. **extendido**

extension N. (f) **extensión**

extensive Adj. **extenso**

extent N. (f) **amplitud**

extraordinary Adj. **extraordinario**

extra-terrestrial N. (m/f) **extraterrestre**

extrovert Adj. **extrovertido**

eye N. (m) **ojo**

# F - f

fabrication N. (f) **elaboración**

fabulous Adj. **fabuloso**

face N. (f) **cara**

fact N. (m) **dato**
N. (m) **hecho**

factory N. (f) **fábrica**

faculty N. (f) **facultad**

fail V. **suspender**

fair N. (f) **feria**

faithful Adj. **fiel**

fall V. **caer**
N. (f) **caída**
N. (m) **otoño**

fall in love V. ref. **enamorarse**

fall of the (Berlin) wall N. (f) **caída del muro**

family N. (f) **familia**

family member N. (m) **familiar**

family name N. (m) **apellido**

family reunion   N. (f) **fiesta familiar**

family tree   N. (m) **árbol genealógico**

famous   Adj. **famoso**

fan   N. (m) **aficionado**   N. (m) **forofo**

fan club   N. (f) **peña**

fantastic   Adj. **fantástico**   Adj. **fenomenal**

fantasy   N. (f) **fantasía**

far from   Adj. **lejos**

far off   Adj. **lejano**

fare   N. (m) **pasaje**

farewell   Excl. **adiós**

farm   N. (f) **finca**

farmer   N. (m) **campesino**

fashion show   N. (m) **desfile**

fast   Adv. **deprisa**   Adj. **rápido**

fasting   Phr. **en ayunas**

fat   Adj. **gordo**

fateful   Adj. **aciago**

father   N. (m) **padre**

Father Christmas   Prop. **Papá Noel**

fauna   N. (f) **fauna**

favorite   Adj. **favorito**

façade   N. (f) **fachada**

FC   Abb. **CF**

fear   N. (m) **miedo**   N. (m) **temor**

feather   N. (f) **pluma**

February   N. (m) **febrero**

Federal District (like Washington D.C.)   Abb. **DF**

feel   V. **sentir**

feel like it   V. **apetecer**

feel the effects   V ref. **resentirse**

feeling   N. (m) **sentimiento**

felt tip pen   N. (m) **rotulador**

female)   Abb. **S.**

ferocious   Adj. **feroz**

fertility   N. (f) **fertilidad**

fervor   N. (m) **fervor**

festival   N. (m) **festival**

feudal lord   N. (m) **hidalgo**

fever   N. (f) **fiebre**

few   Adj. **poco**

fibre   N. (f) **fibra**

fidelity   N. (f) **fidelidad**

field (of study, etc.)   N. (m) **ámbito**

field (sports)   N. (m) **campo**

Fiesta in Pamplona   Prop. **Sanfermines**

fifteen   Num. **quince**

| | |
|---|---|
| fifth Adj. **quinto** | finished Adj. **acabado** |
| fifty Num. **cincuenta** | Adj. **terminado** |
| fight N. (m) **combate** | finishing line N. (f) **meta** |
| V. **combatir** | fire N. (m) **fuego** |
| N. (f) **lucha** | N. (m) **incendio** |
| V. **luchar** | fireman N. (m) **bombero** |
| V ref. **pegarse** | fireplace N. (f) **chimenea** |
| V. **pelear** | firewood N. (f) **leña** |
| figure V. **constar** | fireworks N. (m) **fuegos** |
| N. (f) **figura** | **artificiales** |
| file V. **archivar** | firm Adj. **firme** |
| N. (m) **archivo** | first Adj. **primero** |
| N. (f) **carpeta** | first course N. (m) **primer** |
| fill in V. **completar** | **plato** |
| V. **rellenar** | first-aid kit N. (m) **botiquín** |
| filled Adj. **relleno** | firstly Adv. **en primer lugar** |
| film N. (f) **película** | fish V. **faenar** |
| film director N. | N. (m) **pescado** |
| (m) **director de cine** | V. **pescar** |
| final N. (f) **final** | N. (m) **pez** |
| finally Adv. **finalmente** | fish bowl N. (f) **pecera** |
| Adv. **por último** | fish mongers N. |
| finances N. (f) **finanzas** | (f) **pescadería** |
| find V. **encontrar** | fit V. **caber** |
| V. **hallar** | fitness studio N. |
| find out V. **averiguar** | (m) **gimnasio** |
| V ref. **enterarse** | five Num. **cinco** |
| fine Adj. **fino** | fix V. **fijar** |
| Fine Arts Prop. **Bellas** | flabby Adj. **fofo** |
| **Artes** | flame N. (f) **llama** |
| finger N. (m) **dedo** | |
| finish V. **finalizar** | |

flamenco dancer N.
(f) **flamenca**

flashlight N. (f) **linterna**

flat Adj. **liso**
N. (m) **piso**

flavour N. (m) **sabor**

flea market N. (m) **rastro**

flex V. **estirar**

flight N. (m) **vuelo**

flight attendant N.
(f) **azafata**

fling oneself V
ref. **arrojarse**

flirt N. (m) **ligón**

flog V. **azotar**

flooding N. (f) **inundación**

floor N. (m) **suelo**

flora N. (f) **flora**

Florence Prop. **Florencia**

flow N. (m) **flujo**

flower N. (f) **flor**

flu N. (f) **gripe**

fly V. **navegar**
V. **volar**

fog N. (f) **niebla**

fold V. **doblar**

folder N. (f) **carpeta**

folding screen N.
(m) **biombo**

follow V. **seguir**

following Adj. **siguiente**

food N. (m) **alimento**
N. (f) **comida**

fool V. **engañar**

foot N. (m) **pie**

football N. (m) **fútbol**

Football Club Abb. **CF**

footballer N.
(m/f) **futbolista**

footwear N. (m) **calzado**

for Adv. **durante**

for God's sake Excl. **por
Dios**

for the umpteenth time
N. (f) **enésima vez**

force V. **forzar**
V. **obligar**

forceps N. (f) **pinza**

foreign language N.
(m) **idioma**
N. (f) **lengua
extranjera**

foreigner N. (m) **extranjero**
N. (m) **forastero**

forest N. (m) **bosque**

forget V. **olvidar**

forget it Excl. **sácate**

form V. **formar**

formal Adj. **formal**

formal) Abb. **Uds.**
Abb. **Ud.**
Abb. **Vds.**

former   Adj. **antiguo**

formula   N. (f) **fórmula**

fortune   N. (f) **fortuna**
      N. (f) **suerte**

forty   Num. **cuarenta**

forum   N. (m) **foro**

foundation   N.
      (f) **fundación**

fountain   N. (f) **fuente**

four   Num. **cuatro**

fourteen   Num. **catorce**

fourth   Adj. **cuarto**

fox   N. (m) **zorro**

fracture   N. (f) **fractura**

fragment   N. (m) **fragmento**

frame   N. (m) **marco**
      N. (m) **recuadro**

France   Prop. **Francia**

free   Adj. **gratuito**

free time   N. (m) **ocio**

free-living   N.
      (m) **libertinaje**

free-time   N. (m) **tiempo
      libre**

freeze   V. **congelar**

French   Adj. **francés**

French fries   N. (f) **patatas
      fritas**

frequency   N.
      (f) **frecuencia**

fresh   Adj. **fresco**

friar   Abb. **fr.**

Friday   N. (m) **viernes**

fridge   N. (f) **nevera**

friend   N. (m) **amigo**

friendly   Adj. **amable**
      Adj. **simpático**

friendship   N. (f) **amistad**

fright   Excl. **huy**

frighten   V. **asustar**

from   Phr. **natural de**
      Adj. **procedente**

from Andalusia
      Adj. **andaluz**

from Asturias
      Adj. **asturiano**

from Cantabria
      Adj. **cántabro**

from Castile- La
      Mancha
      Adj. **manchego**

from Castile-Leon
      Adj. **castellano-
      leonés**

from Chile   Adj. **chileno**

from Extremadura
      Adj. **extremeño**

from far away   Phr. **a lo
      lejos**

from here   Phr. **desde aquí**

from La Rioja   Adj. **riojano**

from Madrid   N.
      (m) **madrileño**

from Navarre
Adj. **navarro**

from the Levante
Adj. **levantino**

from the Magreb
Adj. **magrebí**

from…to
Phr. **desde...hasta**

front   N. (m) **anverso**

front desk   N. (f) **portería**

fruit   N. (f) **fruta**

fruit juice   N. (m) **zumo de frutas**

fry   V. **freír**

frying pan   N. (m) **sartén**

fuel   N. (m) **combustible**

fulfil   V. **cumplir**

fulfilment   N.
(m) **desempeño**

full   Adj. **entero**
Adj. **lleno**

fun   N. (f) **diversión**

function   N. (f) **función**

fundamental
Adj. **fundamental**

funeral   N. (m) **entierro**

funny   Adj. **divertido**
Adj. **gracioso**

furniture   N. (m) **mobiliario**
N. (m) **mueble**

fuss   N. (m/f) **tiquismiquis**

fussy person   N.
(m/f) **tiquismiquis**

future   N. (m) **futuro**

# G - g

gal   N. (f) **muchacha**

Galicia   Prop. **Galicia**

Galician   Adj. **gallego**

game   N. (f) **partida**

gang   N. (f) **pandilla**

gap   N. (m) **hueco**

garage   N. (m) **garaje**

garbage   N. (f) **basura**

garden   N. (m) **jardín**

garlic   N. (m) **ajo**

gas   N. (m) **gas**

gasoline   N. (f) **gasolina**

gastronomy   N.
(f) **gastronomía**

gender   N. (m) **género**

general   Abb. **Gral.**

generalization   N.
(f) **generalidad**

generally   Adv. **en principio**

Phr. **en términos generales**

Adv. **generalmente**

generous   Adj. **generoso**

genius   Adj. **superdotado**

genre   N. (m) **género**

gentleman   N.
(m) **caballero**

gentry   N. (m) **hidalgo**

genuine   Adj. **genuino**

genus   N. (m) **género**

German   N. (m) **alemán**

Germany   Prop. **Alemania**

gestate   V. **gestar**

gesticulating   Adj. **gestual**

gestural   Adj. **gestual**

gesture   N. (m) **gesto**

gesundheit   Excl. **Jesús**

get   V. **conseguir**

get (something) right
V. **acertar**

get a degree in   V
ref. **licenciarse**

get a suntan   V
ref. **broncearse**

get angry   V ref. **enfadarse**

get attached to
V. **apegar**

get better   V
ref. **componerse**

get blocked   V
ref. **atascarse**

get burnt   V ref. **quemarse**

get caught up   V ref. **liarse**

get changed   V
ref. **cambiarse**

get delayed   V
ref. **retrasarse**

get de-valued   V
ref. **desvalorizarse**

get divorced   V
ref. **divorciarse**

get dressed   V
ref. **vestirse**

get drunk   V
ref. **emborracharse**

get ill   V phr. **contraer una enfermedad**

get in tune   V. **entonar**

get into   V. **acceder**

get involved   V
ref. **meterse**

get married   V ref. **casarse**
V phr. **contraer matrimonio**

get moving   Excl. **arrea**

get off (a bus   V. **bajar**

get on with   V ref. **llevarse**

get out   Excl. **sácate**

get out from   V. **sacar**

get out of here   Excl. **za**

get over

get over   V. **superar**

get rich   V ref. **forrarse**

get something dirty
     V. **ensuciar**

get up   Excl. **aúpa**
     V ref. **levantarse**

get up early   V. **madrugar**

get worse   V. **empeorar**

get your driving license
     V phr. **sacar el carné
de conducir**

get-together   N. (f) **tertulia**

ghost   N. (m) **fantasma**

giddy up   Excl. **arre**

girl   N. (f) **chica**
     N. (f) **muchacha**

girlfriend   N. (f) **novia**

give   V. **dar**

give importance to   V
     phr. **dar importancia
a**

give instructions   V
     phr. **dar
instrucciones**

give it here   Excl. **daca**

give oneself a treat   V
     ref. **darse un
homenaje**

give up   V ref. **rendirse**
     V. **renunciar**

glance   N. (m) **vistazo**

go on (or be on ) vacation

glass   N. (m) **cristal**
     N. (m) **vaso**

glasses   N. (f) **gafas**

glimpse   V. **entrever**

globe   N. (m) **globo**

glossy   Adj. **terso**

gloves   N. (m) **guante**

go   V. **ir**

go across   V. **atravesar**

go ahead   Excl. **adelante**

go bar hopping   V phr. **ir
de bar en bar**

go down   V. **bajar**

go for a swim   V
     ref. **bañarse**

go for a walk   V phr. **dar
una vuelta**
     V. **pasear**

go halves   V phr. **pagar a
medias**

go inexile   V ref. **exiliarse**

go into   V. **ingresar**

go into exile   V
     phr. **refugiarse en el
extranjero**

go mad   V phr. **volverse
loco**

go on (or be on )
     vacation   V
     phr. **hacer turismo**

go out bars (or club)  V phr. **irse de marcha**

go out for drinks  V phr. **ir de copeo**

go shopping  V phr. **ir de compras**

go to  V. **acudir**

go to bed  V ref. **acostarse**

go/come back  V. **volver**

goal (soccer)  N. (f) **portería**

goal-getter  N. (m) **marcagoles**

god  N. (m) **dios**

God willing  Excl. **ojalá**

gold  N. (m) **oro**

gondola  N. (f) **góndola**

good  Adv. **bien**  Adj. **bueno**

good afternoon  Excl. **buenas tardes**  Excl. **buenas tardes**

good day  Excl. **buenos días**

good evening  Excl. **buenas noches**  Excl. **buenas tardes**

good grief  Excl. **caramba**

good heavens  Excl. **caray**

good luck  Excl. **ánimo**  Excl. **suerte**

good morning  Excl. **buenos días**  Excl. **buenos días**

good night  Excl. **buenas noches**

good show  Excl. **bravo**

good time  N. (f) **juerga**

goodbye  Excl. **nos vemos**

good-bye  Excl. **adiós**

goodbye  Excl. **adiós**  Excl. **chau**

good-looking  Adj. **guapo**

gooseneck lamp  N. (m) **flexo**

gossip  N. (m) **cotilleo**  N. (f) **maruja**

gossip(y)  N. (f) **cotilla**

gourd  N. (f) **calabaza**

government  N. (m) **gobierno**

governmental  Adj. **gubernamental**

grab someone's attention  V phr. **captar la atención**

grade  N. (m) **grado**

grammar  N. (f) **gramática**

grammatical  Adj. **gramatical**

gramophone N.
(m) **gramófono**

grandfather N. (m) **abuelo**

grandmother N. (f) **abuela**

grandparents N.
(m) **abuelos**

grandson N. (m) **nieto**

grape N. (f) **uva**

graphic N. (m) **gráfico**

grasp V. **agarrar**

gratifying Adj. **gratificante**

gratitude N. (f) **gratitud**

gratuitous Adj. **gratuito**

gray Adj. **gris**

gray (haired) Adj. **canoso**

grease N. (f) **grasa**

great Excl. **cojonudo**
Adj. **genial**
Adj. **gran**
Adj. **guay**

great! Excl. **de cine**
Excl. **de miedo**

greatest hits N.
(m) **grandes éxitos**

great-grandson N.
(m) **bisnieto**

great-looking
Adj. **hermoso**

Greece Prop. **Grecia**

Greek Adj. **griego**

green Adj. **verde**

greengrocers N.
(f) **frutería**

greet V. **saludar**

greeting N. (m) **saludo**

groove N. (f) **ranura**

gross Adj. **asqueroso**
Excl. **guácala**
Excl. **puaj**

ground N. (f) **tierra**

group N. (m) **grupo**

grow V. **crecer**
V. **cultivar**
V. **engrosar**

grow old V. **envejecer**

growing V. **creciente**

grumpy person N.
(m/f) **cascarrabias**

Guanajuato Abb. **GT**

guardian N. (m) **guardián**

Guatemalan
Adj. **guatemalteco**

Guerrero Abb. **GR**

guess N. (f) **adivinanza**
V. **adivinar**
V. **averiguar**
V. **estimar**

guest N. (m) **invitado**

guidebook N. (f) **guía**

guilty Adj. **culpable**

guitar  N. (f) **guitarra**

gullible  Adj. **crédulo**

gurney  N. (f) **camilla**

gym  N. (m) **gimnasio**

gymnasium  N.
    (m) **gimnasio**

gypsy  N. (m) **gitano**

# H - h

ha  Excl. **ja**

habit  N. (m) **hábito**

habitual  Adj. **habitual**

haha  Excl. **jaja**

hair  N. (m) **pelo**

hairdresser  N.
    (f) **peluquería**
    N. (m) **peluquero**

hair-dryer  N. (m) **secador de pelo**

hairy  Adj. **peludo**

hake  N. (f) **merluza**

half  Adj. **media**
    N. (f) **mitad**

hallelujah  Excl. **aleluya**

hallucinate  V. **alucinar**

hallucination  N.
    (f) **alucinación**

hallway  N. (m) **pasillo**

ham  N. (m) **jamón**

hand  N. (f) **mano**

hand in  V. **entregar**

hand out  V. **repartir**

handbag  N. (m) **bolso**

handcuffs  N. (f) **esposas**

handicrafts  N.
    (f) **manualidades**

handkerchief  N.
    (m) **pañuelo**

handle  N. (f) **palanca**

hang  V. **ahorcar**

hang out the washing  V phr. **tender la ropa**

hang up  V. **colgar**
    V. **tender**

happen  V. **ocurrir**
    V. **pasar**
    V. **suceder**
    V. **transcurrir**

happiness  N. (f) **alegría**
    N. (f) **felicidad**

happy   Adj. **alegre**
        Adj. **contento**
        Adj. **feliz**

happy birthday   Excl. **feliz cumpleaños**

harbour   N. (m) **puerto**

hard   Adj. **duro**

harden   V. **endurecer**

hardly   Adv. **apenas**

harm   N. (m) **daño**

harmonious
        Adj. **armonioso**

harvest   N. (f) **cosecha**

hat   N. (m) **sombrero**

hate   V. **odiar**

Havana   Prop. **La Habana**

have   V. **tener**

have a change (of scene)   V. **cambiar de aires**

have a great time   V phr. **pasarlo bomba**

have a nap   V phr. **echarse la siesta**

have a nice meal
        Excl. **buen provecho**

have a shower   V ref. **ducharse**

have a snack
        V. **merendar**

have breakfast
        V. **desayunar**

have dinner   V. **cenar**

have friends in high places
        Adj. **enchufado**

have fun   V ref. **divertirse**

have just + verb   V phr. **acabar + de**

have lunch   V. **almorzar**

have one's birthday
        V. **cumplir años**

have tapas   V. **tapear**

have to   V phr. **tener que**

have to (+ verb) (imperative)   V phr. **hay que (+ verbo)**

havoc   N. (m) **estrago**

head   N. (f) **cabeza**
        V. **encabezar**

Head of State   Prop. **Jefe del Estado**

headphone   N. (m) **auricular**

headquarters   N. (f) **sede**

heads (coin)   N. (f) **cara (moneda)**

health   N. (f) **salud**

healthy   Adj. **sano**

hear   V. **oír**

hearing   N. (m) **oido**

heart   N. (m) **corazón**

heat   N. (m) **calor**

heating   N. (f) **calefacción**

heel   N. (m) **tacón**
    N. (m) **talón**

height   N. (f) **altura**

helicopter   N.
    (m) **helicóptero**

hell   N. (m) **infierno**

hellish   Adj. **infernal**

hello   Excl. **aló**
    Excl. **dígame**
    Excl. **ese**
    Excl. **hola**
    Excl. **hola**

helmet   N. (m) **casco**

help   N. (f) **ayuda**
    V. **ayudar**
    Excl. **socorro**

hemorrhage   N.
    (m) **derrame**

hen   N. (f) **gallina**

here   Adv. **aquí**

hero   N. (m) **héroe**

hey   Excl. **alá**
    Excl. **che**
    Excl. **eh**
    Excl. **epa**
    Excl. **hala**
    Excl. **hombre**
    Excl. **oye**

hi   Excl. **hola**

hide   V. **esconder**
    V. **ocultar**

hideous   Adj. **infernal**

hieroglyphics   N.
    (m) **jeroglífico**

high   Adj. **alto**

high school   N.
    (m) **bachillerato**

high school diploma   N.
    (m) **bachillerato**

highlight   V. **destacar**
    V. **resaltar**

highlight (hair)   N.
    (f) **mecha**

highlighted   Adj. **resaltado**

hiking   N. (m) **senderismo**

hill   N. (m) **cerro**

hindrance   N. (f) **traba**

hinge   N. (f) **bisagra**

hips   N. (f) **cadera**

hire   V. **contratar**

Hispano-American
    Adj. **hispanoamerica
    no**

historic   Adj. **histórico**

history   N. (f) **historia**

hitchhiking   Phr. **a dedo**

hitch-hiking   N.
    (m) **autoestop**

hoarse   Adj. **ronco**

hobby   N. (f) **afición**

holding hands
     Adj. **cogidos de la mano**

hole   N. (m) **agujero**

holidays   N. (f) **vacaciones**

Holland   Prop. **Holanda**

holy cow   Excl. **qué pasada**

holy shit   Excl. **qué pasada**

home   N. (m) **hogar**

home appliance   N.
     (m) **electrodoméstico**

home run (baseball)   N.
     (m) **cuadrangular**

home-loving
     Adj. **hogareño**

homework   N. (m) **deberes**

homosexual
     Adj. **homosexual**

honest   Adj. **honesto**

honeymoon   N. (f) **luna de miel**

honored   Adj. **honrado**

honorific title for a man (roughly equivalent to Sir)
     Abb. **D.**

honors degree (university)   N.
     (f) **licenciatura**

hook up with (a girl/boy)
     V. **ligar**

hope   N. (f) **esperanza**

hopefully   Excl. **ojalá**

horoscope   N.
     (m) **horóscopo**

horrendous   Adj. **fatal**

horrible   Adj. **horrible**

horror   N. (m) **horror**

horse   N. (m) **caballo**

hospitable
     Adj. **hospitalario**

hospital   N. (m) **hospital**

host   N. (f) **anfitrión**

hostel   N. (m) **albergue**

hot   Adj. **caliente**
     Adj. **caluroso**

hot coal   N. (f) **brasa**

hotel   N. (m) **hotel**

hotel management   N.
     (f) **hostelería**

hour-glass   N. (m) **reloj de arena**

house   N. (f) **casa**
     N. (f) **vivienda**

house-proud   N. (f) **maruja**

housewife N. (f) **ama de casa**

how are you Excl. **qué tal está?**

Excl. **qué tal?**

hug V. **abrazar**

N. (m) **abrazo**

V. **apretar**

human being N. (m) **ser humano**

humanity N.

(f) **humanidad**

humid Adj. **húmedo**

humility N. (f) **humildad**

humour N. (m) **humor**

hundred V. **centenar**

Hungarian Adj. **húngaro**

hunger N. (m) **hambre**

hungry Adj. **hambriento**

hunter N. (m) **cazador**

hurl oneself V

ref. **arrojarse**

hurray Excl. **arriba**

hurry Excl. **órale**

hurt V. **doler**

hurt someone V

phr. **hacer daño**

husband N. (m) **marido**

hush Excl. **chito**

hydrogen N.

(m) **hidrógeno**

hygiene N. (f) **higiene**

hypocrite N. (m/f) **hipócrita**

hypothesis N. (f) **hipótesis**

hysteria N. (f) **histeria**

hysterical Adj. **histérico**

# I - i

I am sorry Excl. **lo siento**

I don't care Excl. **me vale**

I hope so Excl. **ojalá**

Excl. **ojalá**

I love you a lot Abb. **TQM**

ice cream N. (m) **helado**

ID card N. (m) **D.N.I.**

idea N. (f) **idea**

N. (f) **noción**

ideal Adj. **ideal**

identification N.

(f) **documentación**

identity N. (f) **identidad**

ideology N. (f) **ideología**

idiot N. (m/f) **idiota**

idle    V. **vaguear**

if    Conj. **si**

ignorance    N.
(f) **ignorancia**

ill    Adj. **enfermo**

illegal    Adj. **ilegal**

illness    N. (f) **enfermedad**

illustration    N.
(f) **ilustración**

illustrious (honorific term of address)    Abb. **I**

image    N. (f) **imagen**

imaginary    Adj. **imaginario**

imagination    N.
(f) **imaginación**

imaginative
Adj. **imaginativo**

imagine    V. **imaginar**

immature    Adj. **inmaduro**

immediacy    N.
(f) **inmidiatez**

immediately
Adv. **enseguida**
Adv. **inmediatamente**

immigrant    N.
(m/f) **inmigrante**

immigration    N.
(f) **inmigración**

impart    V. **impartir**

impatient    Adj. **impaciente**

impeccable
Adj. **impecable**

impel    V. **impulsar**

imperative    N.
(m) **imperativo**

implant    N. (m) **implante**

implantation    N.
(f) **implantación**

important    Adj. **importante**

impose    V. **imponer**

impossible    Adj. **imposible**

impress    V. **impresionar**

impression    N.
(f) **impresión**

impressionist
Adj. **impresionista**

improve    V. **mejorar**

impunity    N. (f) **impunidad**

in advance    Phr. **por anticipado**

in bold    Phr. **en negrita**

in cash    Adj. **al contado**

in common    Phr. **en común**

in concert    Phr. **en concierto**

in conclusion    Phr. **en conclusión**

in detail
Adv. **detalladamente**

in front   Prp. **enfrente**

in front of   Prp. **delante**

in love   Adj. **enamorado**

in public   Adv. **en público**

in search of   Phr. **en busca de**

in Spanish   Phr. **en español**

in the beginning   Adv. **al principio**
  Phr. **a principios**

in the middle   Phr. **a mediados**

in the style of Goya
  Adj. **goyesco**

in total   Phr. **en total**

in your shoes   Phr. **en tu lugar**

inaugurate   V. **inaugurar**

inauguration   N.
  (f) **inauguración**

incident   N.
  (m) **contratiempo**

include   V. **incluir**

included   Adj. **incluido**

inclusion   N.
  (f) **incorporación**

income   N. (m) **ingreso**

incompatible
  Adj. **incompatible**

incomplete
  Adj. **incompleto**

Incorporated (Inc.)
  Abb. **S.A.**

incorporation   N.
  (f) **incorporación**

increase   V. **incrementar**

incredible
  Excl. **barbaridad**
  Adj. **increíble**

indecision   N.
  (f) **indecisión**

indefinite article   N.
  (m) **artículo indeterminado**

independency   N.
  (f) **independencia**

independent
  Adj. **independiente**

indicates disdain or unbelief   Excl. **bah**

indication   N. (f) **señal**

indicative   N. (m) **indicativo**

indifferent   Adj. **indiferente**

indirect object   N.
  (m) **objeto indirecto**

indirect speech   N.
  (m) **estilo indirecto**

indiscreet   Adj. **indiscreto**

indisposition   N.
  (f) **indisposición**

individual Adj. **individual**
N. (m/f) **individuo**

industrialize
V. **industrializar**

inequality N.
(f) **desigualdad**

inexcusable
Adj. **inexcusable**

inexperienced
Adj. **inexperto**

infancy N. (f) **infancia**

infantile Adj. **infantil**

inferiority N.
(f) **inferioridad**

infernal Adj. **infernal**

infested Adj. **infestado**

infinite Adj. **infinito**

infinitive N. (m) **infinitivo**

influence N. (f) **influencia**
V. **influir**

inform V. **avisar**
V. **informar**

informal Adj. **informal**

information N.
(f) **información**

infrastructure N.
(f) **infraestructura**

ingenious Adj. **ingenioso**

ingredient N.
(m) **ingrediente**

inhabit V. **habitar**

inhabitant N. (m) **habitante**

inherent Adj. **inherente**

inheritance N. (f) **herencia**

initial Adj. **inicial**

initials N. (m) **iniciales**

injection N. (f) **inyección**

ink N. (f) **tinta**
N. (m) **tinte**

inkwell N. (m) **tintero**

inland N. (m) **interior**

inn N. (m) **mesón**
N. (f) **taberna**

innocence N. (f) **inocencia**

inquisitive Adj. **curioso**
Adj. **preguntón**

insecure Adj. **inseguro**

inside Prp. **dentro**

insomnia N. (m) **insomnio**

inspection N.
(f) **inspección**
N. (f) **revisión**

inspire V. **inspirar**

instability N.
(f) **inestabilidad**

installation N.
(f) **instalación**

instant N. (m) **instante**

instinct N. (m) **instinto**

instruction N.
(f) **instrucción**

insure  v. **asegurar**

integration  N.
    (f) **integración**

intelligent  Adj. **inteligente**

intend  v. **pretender**

intense  Adj. **intenso**

intensely
    Adv. **intensamente**

intensity  N. (f) **intensidad**

intention  N. (f) **intención**

interaction  N.
    (f) **interacción**

Inter-American
    Development
    Bank  Abb. **BID**

interest  N. (m) **interés**

interesting
    Adj. **interesante**

international
    Adj. **internacional**

internet  N. (m) **internet**

internet café  N.
    (m) **cibercafé**

interrogation  N.
    (f) **interrogación**

interrogative  N.
    (m) **interrogativo**

interview  N. (f) **entrevista**

interviewer  N.
    (f) **entrevistadora**

intonation  N.
    (f) **entonación**

intrigue  N. (f) **intriga**

introduce  v. **presentar**

introduce oneself  v
    ref. **identificarse**
    V ref. **presentarse**

introduction  N.
    (f) **introducción**

introverted
    Adj. **introvertido**

intruder  N. (m) **intruso**

invade  v. **invadir**

invariable  Adj. **invariable**

invent  v. **inventar**

invention  N. (m) **invento**

inventor  N. (m) **inventor**

inverted commas  N.
    (f) **comillas**

investigation  N.
    (f) **investigación**

investiture  N.
    (f) **investidura**

invitation  N. (f) **invitación**

invite  v. **invitar**

Iranian  Adj. **iraní**

Ireland  Prop. **Irlanda**

iron   N. (m) **hierro**
    N. (f) **plancha**

ironic  Adj. **irónico**

irregular   Adj. **irregular**

irregularity   N. (f) **irregularidad**

island   N. (f) **isla**

isthmus   N. (m) **istmo**

IT (information technology)   N. (f) **informática**

IT consultant/computer expert   N. (m) **informático**

it is ... degrees   V phr. **estar a ... grados**

it is cold   V phr. **hace frío**

it is hot   V phr. **hace calor**

it is my life   Excl. **yo sabré**

it is very windy   V phr. **hace mucho viento**

it is your turn   Phr. **es su turno**

it seems like   Phr. **parece que**

Italian   Adj. **italiano**

Italy   Prop. **Italia**

item of clothing   N. (f) **prenda de vestir**

itinerary   N. (m) **itinerario**

# J - j

jack (in cards   N. (f) **sota**

jacket   N. (f) **chaqueta**

jacuzzi   N. (m) **jacuzzi**

jam   N. (m) **tapón**

January   N. (m) **enero**

Japan   Prop. **Japón**

Japanese   Adj. **japonés**

jealousy   N. (m) **celo**

jeans   N. (m) **pantalones vaqueros**

jeez   Excl. **hostia**

job   N. (m) **cargo** N. (m) **empleo** N. (f) **labor** N. (m) **puesto de trabajo**

job interview   N. (f) **entrevista de trabajo**

join someone   V. **acompañar**

join (workplace)   V ref. **incorporarse**

joke   N. (f) **broma**

journalism   N. (m) **periodismo**

journalist   N. (m/f) **periodista**

| | |
|---|---|
| joy   N. (m) **gozo** | jungle   N. (f) **selva** |
| juggle (jobs, lifestyles, etc.)   V. **compaginar** | junk   N. (m) **cacharros**<br>N. (m) **junco** |
| July   N. (m) **julio** | junk room   N. (m) **trastero** |
| jump   V. **saltar**<br>N. (m) **salto** | just + have + past participle   V<br>phr. **acabar de + inf.** |
| jumper   N. (m) **jersey** | justify   V. **justificar** |
| June   N. (m) **junio** | juvenile   Adj. **juvenil** |

# K - k

| | |
|---|---|
| kangaroo   N. (m/f) **canguro** | killer   N. (m) **asesino** |
| keep   V. **guardar**<br>V. **mantener** | killer whale   N. (f) **orca** |
| keep on/continue + ...ing   V phr. **seguir + gerundio** | kilo   N. (m) **kilo** |
| keep your head up   Excl. **ánimo** | kilometre   N. (m) **kilómetro** |
| keeper   N. (m) **cuidador** | kind   N. (m) **género**<br>N. (m) **tipo** |
| key   N. (f) **llave** | kindness   N. (f) **amabilidad** |
| key (concept)   N. (f) **clave** | king   N. (m) **rey** |
| keyboard   N. (m) **teclado** | kiosk   N. (m) **quiosco** |
| kidnap   V. **raptar**<br>V. **secuestrar** | kiss   V. **besar**<br>N. (m) **beso** |
| kidney   N. (m) **riñon** | kitchen   N. (f) **cocina** |
| kidney bean   N. (f) **alubia**<br>N. (m) **frijol** | kitchen sink   N. (f) **pila** |
| kill   V. **matar** | knave   N. (f) **sota** |
| | knee   N. (f) **rodilla** |
| | knife   N. (m) **cuchillo** |

know   v. **conocer**
        v. **saber**

knowledge   N.
              (m) **conocimiento**

# L - l

label   N. (f) **etiqueta**

laberinth   N. (m) **laberinto**

labor   v. **faenar**
          N. (f) **labor**

laboratory   N.
              (m) **laboratorio**

lack of interest   N.
              (m) **desinterés**

lad   N. (m) **muchacho**

lady   N. (f) **dama**

lag behind   v
          phr. **quedarse a la zaga**

lamb   N. (m) **cordero**

lame   Adj. **cojo**

lament   V ref. **lamentarse**

lamentable
          Adj. **lamentable**

lamp   N. (f) **lámpara**
        N. (f) **linterna**

land   v. **aterrizar**

landlady   N. (f) **ama**

lane   N. (m) **carril**

language   N. (m) **idioma**
          N. (f) **lengua**
          N. (m) **lenguaje**

lantern   N. (f) **linterna**

laptop   N. (m) **ordenador portátil**
          N. (m) **portátil**

large   Adj. **gran**

largely   Adv. **en gran medida**

lasso   N. (m) **lazo**

last   v. **durar**
        Adj. **último**

last name   N. (m) **apellido**

last night   Adv. **anoche**

lastly   Adv. **por último**

late   Adj. **tarde**

later   Adv. **después**
        Adv. **luego**
        Adv. **posteriormente**

latest (breaking) news
          N. (f) **noticia de actualidad**

lather (soap)
          v. **enjabonar**

laugh   V ref. **reirse**

launch   N. (m) **lanzamiento**

laundry basket  N.
(m) **cesto de ropa sucia**

law  N. (m) **derecho**
N. (f) **ley**

lawful  Adj. **lícito**

lawyer  N. (m) **abogado**

layer  N. (f) **capa**

lazy  Adj. **perezoso**
Adj. **vago**

lead  V. **encabezar**

leader  N. (m) **caudillo**
N. (m/f) **dirigente**
N. (m) **líder**

league  N. (f) **liga**

learn  V. **aprender**

learning  N.
(m) **aprendizaje**

leather  N. (m) **cuero**

leather goods  N.
(f) **marroquinería**

leather industry  N.
(f) **marroquinería**

leave  V. **dejar**
V. **salir**

leave alone  V. **dejar en paz**

left  Adj. **izquierda**

left-handed  Adj. **zurdo**

leg  N. (f) **pata**
N. (f) **pierna**

legal  Adj. **legal**

legally  Adv. **legalmente**

leisure  N. (m) **ocio**

lend  V. **prestar**

lengthy  Adj. **prolongado**

lentil  N. (f) **lenteja**

less  Adj. **menos**

less than  Phr. **menos que**

lesson  N. (f) **lección**

let down  N. (f) **desilusión**

let me see  Excl. **a ver**

let someone by  V. **dejar paso**

let's go  Excl. **alá**
Excl. **a ver**
Excl. **órale**

let's see  Excl. **a ver**

letter  N. (f) **carta**
N. (f) **letra**

lettuce  N. (f) **lechuga**

let's go  Excl. **hala**

let's hope so  Excl. **ojalá**

let's see  Excl. **a ver**

level  N. (m) **grado**
N. (m) **nivel**

lever  N. (f) **palanca**

levy  N. (m) **impuesto**

lexicon  N. (m) **léxico**

liberty  N. (f) **libertad**

library  N. (f) **biblioteca**

license plate  N.
(f) **matrícula**

licit    Adj. **lícito**
lie    V. **mentir**
         N. (f) **mentira**
lie down    V ref. **tumbarse**
lie in    V. **estribar**
lieutenant    N. (m) **teniente**
life    N. (f) **vida**
lifejacket    N. (m) **chaleco salvavidas**
lifestyle    N. (m) **ritmo de vida**
lift    N. (m) **ascensor**
         V. **levantar**
light    V. **encender**
         Adj. **ligero**
         Adj. **luminoso**
         N. (f) **luz**
lighter    N. (m) **mechero**
lightning    N. (m) **rayo**
like    Adv. **como**
like this    Adv. **así**
likewise    Excl. **igualmente**
         Adv. **igualmente**
limited    Adj. **limitado**
LLC    Abb. **S.A.**
line    N. (f) **cola**
         N. (f) **fila**
         N. (f) **línea**
lip    N. (m) **labio**
liposuction    N. (f) **liposucción**

lipstick    N. (m) **pintalabios**
liqueur    N. (m) **licor**
liquid    Adj. **líquido**
liquid soap    N. (m) **gel**
liquidizer    N. (f) **batidora**
list    N. (f) **lista**
listen    V. **escuchar**
listener    N. (m/f) **oyente**
listening comprehension    N. (f) **audición**
literary    Adj. **literario**
literature    N. (f) **literatura**
lithography    N. (f) **litografía**
litter    N. (f) **litera**
little by little    Phr. **poco a poco**
Little Red Riding Hood    Prop. **Caperucita Roja**
live    V. **habitar**
         V. **residir**
         V. **vivir**
live together    V. **convivir**
living room    N. (m) **cuarto de estar**
loaf around    V. **vaguear**
local network train    N. (m) **tren de cercanías**
locate    V. **situar**

| | |
|---|---|
| location N. (m) **paradero** | loss N. (f) **pérdida** |
| lodging N. (m) **alojamiento** | lotion N. (f) **loción** |
| logic N. (f) **lógica** | lottery N. (f) **lotería** |
| long Adj. **largo** | loud Adj. **bullicioso** |
| long drink N. (f) **cubata** | louder Phr. **más alto** |
| long living Adj. **longevo** | love V. **amar** |
| long weekend N. | N. (m) **amor** |
| (m) **puente** | V. **encantar** |
| longing N. (m) **anhelo** | love challenge N. |
| loo N. (m) **inodoro** | (f) **prueba de amor** |
| loofah N. (f) **lufa** | lovely Adj. **lindo** |
| look after V. **atender** | Adj. **precioso** |
| V. **cuidar** | lover N. (m/f) **amante** |
| look after oneself V | loving Adj. **amoroso** |
| ref. **cuidarse** | luck N. (f) **fortuna** |
| look as if V phr. **tener** | N. (f) **suerte** |
| **pinta** | luggage N. (m) **equipaje** |
| look out Excl. **ojo** | lukewarm Adj. **templado** |
| looking for Phr. **en busca** | luminous Adj. **luminoso** |
| **de** | lump N. (m) **bulto** |
| lorry N. (m) **camión** | lunch N. (m) **almuerzo** |
| lose V. **perder** | luxury N. (m) **lujo** |
| loser N. (m) **perdedor** | lyrics N. (f) **letras** |

# M - m

| | |
|---|---|
| made (sewn) | magic powers N. |
| Adj. **confeccionado** | (m) **poderes** |
| magazine N. (f) **revista** | **mágicos** |
| magic N. (f) **magia** | magnolia N. (m) **magnolio** |

mailbox  N. (m) **buzón**

mailman  N. (m) **cartero**

main  Adj. **principal**

maize  N. (m) **maíz**

majority  N. (f) **mayoría**

make  V. **elaborar**
       V. **hacer**

make (sewing)
       V. **confeccionar**

make a living  V
       phr. **ganarse la vida**

make impossible
       V. **imposibilitar**

make lunch/dinner  V
       phr. **preparar la
       comida**

make signs  V phr. **hacer
       señas**

make stand out
       V. **resaltar**

make sure  V
       ref. **asegurarse**

make-up  N. (m) **maquillaje**

making  N. (f) **elaboración**

making (of)  N.
       (f) **realización**

making of  N.
       (f) **fabricación**

male)  Abb. **S.**

malice  N. (f) **malícia**

mammary  Adj. **mamario**

man  N. (m) **hombre**
       Excl. **hombre**

manage  V
       ref. **desenvolverse**

management  N.
       (f) **gerencia**

manager  N. (m/f) **dirigente**
       N. (m) **encargado**

mania  N. (f) **manía**

mankind  N. (f) **humanidad**

manly  Adj. **varonil**

manual  N. (m) **manual**

map  N. (m) **mapa**
       N. (m) **plano**

March  N. (m) **marzo**

marital status  N.
       (m) **estado civil**

mark  V. **marcar**
       N. (f) **nota**
       V. **puntuar**

market  N. (f) **feria**
       N. (m) **mercado**

marketing  N.
       (m) **marketing**

marquee  N. (f) **carpa**

marriage  N.
       (m) **casamiento**

marriage counselor  N.
       (m) **consejero
       matrimonial**

married  Adj. **casado**

married couple  N.
(m) **matrimonio**
marvellous
Adj. **estupendo**
marvellous(ly)  Adv. **de maravilla**
María  Abb. **Mª**
mascot  N. (f) **mascota**
mass  N. (f) **misa**
massage  N. (m) **masaje**
master  N. (m) **maestro**
masterpiece  N. (f) **obra cumbre**
N. (f) **obra maestra**
match  N. (m) **partido**
matchmaker  N.
(m) **casamentero**
material  N. (f) **materia**
N. (m) **material**
N. (m) **tejido**
N. (f) **tela**
maternal  Adj. **materno**
Mathematics
Prop. **Matemáticas**
matriculate  V. **ingresar**
May  N. (m) **mayo**
Maya  Adj. **maya**
maybe  Adv. **quizás**
Phr. **tal vez**
mayor  N. (m) **alcalde**
maze  N. (m) **laberinto**

mean  Adj. **avaro**
Adj. **tacaño**
meaning  N. (f) **acepción**
N. (m) **sentido**
N. (m) **significado**
means  N. (m) **medios**
means of transport  N.
(m) **medio de transporte**
meanwhile
Adv. **entretanto**
Adv. **mientras**
measure  V. **medir**
meat  N. (f) **carne**
mechanic  N.
(m) **mecánico**
media  N. (m) **medios de comunicación**
medicine  N. (f) **medicina**
Mediterranean
Prop. **Mediterráneo**
medium  N. (m) **médium**
meeting  N. (m) **encuentro**
N. (f) **reunión**
melon  N. (m) **melón**
member  N. (m) **abonado**
N. (m) **afiliado**
N. (m) **miembro**
member of parliament  N.
(m) **diputado**
memory  N. (m) **recuerdo**

mentally
   Adv. **mentalmente**
mention   V. **mencionar**
menu   N. (m) **menú**
meow   Excl. **miau**
   Excl. **ñau**
   Excl. **ñew**
mess   N. (m) **lío**
mess up   V. **fastidiar**
message   N. (m) **mensaje**
Messrs.   Abb. **Sres**
method   N. (m) **método**
method of payment   N.
   (f) **forma de pago**
Methuselah
   Prop. **Matusalén**
metro   N. (m) **metro**
metro entrance   N.
   (f) **boca del metro**
mew   Excl. **ñew**
Mexican   Adj. **mexicano**
Mexico   Prop. **México**
miaow   Excl. **ñau**
   Excl. **ñew**
Michoacán   Abb. **MC**
microwave   N.
   (m) **microondas**
midnight   N.
   (f) **medianoche**
militancy   N. (f) **militancia**

military junta   N. (f) **junta militar**
military service   N.
   (m) **servicio militar**
milk   N. (f) **leche**
million   N. (m) **millón**
mimic   N. (f) **mímica**
mind   V. **importar**
mingle with   V
   ref. **entremezclarse**
minister   N. (m) **ministro**
minstrel   N. (m) **trovador**
mint   N. (f) **menta**
minus   Adj. **menos**
minute   N. (m) **minuto**
mirror   N. (m) **espejo**
misdemeanour   N.
   (m) **delito**
miserly   Adj. **avaro**
misfortune   N.
   (f) **desgracia**
   N. (f) **desventura**
mislead   V. **engañar**
misogynist   N.
   (m) **misógino**
Miss   Abb. **Srta**
miss   V phr. **hacer falta**
   N. (f) **señorita**
missing
   Adj. **desaparecido**
mister   N. (m) **señor**

mistreat   V. **maltratar**

misunderstanding   N.
    (m) **malentendido**

mix    V. **agitar**
       V. **mezclar**

mix up   V
     ref. **entremezclarse**

mixed   Adj. **mixto**

mixer   N. (f) **batidora**

mobile   N. (m) **móvil**

mobile pone   N.
    (m) **teléfono móvil**

mobility   N. (f) **movilidad**

model   N. (m) **modelo**

moderate   Adj. **moderado**

modern   Adj. **moderno**

modernist
     Adj. **modernista**

modest   Adj. **modesto**

modesty   N. (f) **humildad**
     N. (m) **pudor**

module   N. (m) **módulo**

moisturizer
     Adj. **hidratante**

molar (tooth)   N. (f) **muela**

moment   N. (m) **momento**
     N. (m) **rato**

monarch   N. (m) **monarca**

monarchy   N.
    (f) **monarquía**

monastery   N.
    (m) **convento**

Monday   N. (m) **lunes**

money   N. (m) **dinero**

monitor   N. (f) **celador**

monk   N. (m) **monje**

monkey   N. (m) **mono**

monolingual
     Adj. **monolingüe**

month   N. (m) **mes**

monthly   Adj. **mensual**

monthly payment   N.
    (f) **mensualidad**

monument   N.
    (m) **monumento**

moon   N. (f) **luna**

mop   N. (f) **fregona**

moral   N. (f) **moraleja**

more than   Phr. **más que**

Morelos   Abb. **ML**

morning   N. (f) **mañana**
     Adj. **matinal**

morphology   N.
    (f) **morfología**

mosque   N. (f) **mezquita**

mother   N. (f) **madre**

mother land   N. (f) **patria**

mother-in-law   N.
    (f) **suegra**

motorcycle   N. (f) **moto**

mountain   N. (f) **montaña**

mountain pass  N.
    (m) **puerto**

mountains  N. (f) **sierra**

mourn someone  V. **velar**

mouse  N. (m) **ratón**

moustache  N. (m) **bigote**

mouth  N. (f) **boca**

move  V. **mover**
    V. **trasladar**

move (residence)  V
    ref. **trasladarse**

move away  V ref. **alejarse**

movement  N.
    (m) **movimiento**

movie  N. (f) **película**

movie theater  N. (m) **cine**

Mr    Abb. **Sr**

Mrs    Abb. **Sra**

much  Adj. **mucho**

multiplied by  Prp. **por**

multiply  V. **multiplicar**

multipurpose
    Adj. **polivalente**

mumps  N. (f) **paperas**

municipality  N.
    (m) **municipio**

murder  V. **asesinar**

murderer  N. (m) **asesino**

muscled  Adj. **cachas**

muscular  Adj. **musculoso**

museum  N. (m) **museo**

music  N. (f) **música**

music videos  N. (m) **video musical**

musician  N. (m) **músico**

Muslim  N. (m) **musulmán**

mussel  N. (m) **mejillón**

must  V phr. **tener que**

mutual  Adj. **mutuo**

mysterious
    Adj. **misterioso**

mystery  N. (m) **enigma**
    N. (m) **misterio**

México  Abb. **MX**

# N - n

nail  N. (m) **clavo**

naive  Adj. **ingenuo**

name  V. **nombrar**
    N. (m) **nombre**

name and origin  N.
    (m) **sobrenombre**

name unknown  Abb. **s/n**

nap  N. (f) **siesta**

Naples   Prop. **Nápoles**

narcotic   N.
(m) **estupefaciente**

narrate   V. **narrar**

narration   N. (f) **narración**

narrow   Adj. **estrecho**

nation   N. (f) **nación**

national holiday   N.
(m) **festivo**

nationality   N.
(f) **nacionalidad**

native   Adj. **nativo**

nature   N. (f) **naturaleza**

naughtiness   N.
(f) **picardía**

nautical   Adj. **náutico**

Nayarit   Abb. **NA**

naïve   Adj. **bobo**

nearby   Adj. **cercano**

nearly   Adv. **casi**

necessary   Adj. **necesario**

neck   N. (m) **cuello**
N. (f) **nuca**

need   V phr. **hacer falta**
N. (f) **necesidad**
V. **necesitar**
V. **precisar**

negation   N. (f) **negación**

negative   Adj. **despectivo**
Adj. **negativo**

negative (photography)
N. (f) **negativa**

negotiate   V. **negociar**

neighborhood   N.
(m) **barrio**

neighbour   N. (m) **vecino**

neither   Adv. **tampoco**

nephew   N. (m) **sobrino**

nerves   N. (m) **nervios**

nervous   Adj. **nervioso**

net   N. (f) **red**

neutral   Adj. **neutro**

never   Adv. **jamás**
Adv. **ninguna vez**
Adv. **nunca**

never in (my) whole life
Adv. **en la vida**

nevertheless   Phr. **sin embargo**

new   Adj. **nuevo**

new technologies   N.
(f) **nuevas tecnologías**

New Year   Prop. **Año Nuevo**

New Years Eve
Prop. **Nochevieja**

news   N. (m) **informativo**
N. (f) **noticias**

news bulletin   N.
(m) **informativo**

newscast N.
(m) **informativo**

newspaper N.
(m) **periódico**

newsreader N. (m) **locutor**

next Phr. **a continuación**
Adj. **próximo**

nexus N. (m) **nexo**

nice Adj. **bonito**
Adj. **majo**
Adj. **simpático**

nice to meet you
Excl. **mucho gusto**

nickel N. (m) **níquel**

nickname N. (m) **mote**

niece N. (f) **sobrina**

night N. (f) **noche**

night and day Phr. **día y noche**

nightdress N. (m) **camisón**

nightlife N. (f) **vida nocturna**

nightmare N. (f) **pesadilla**

night-shirt N. (m) **camisón**

nighttime Adj. **nocturno**

nine Num. **nueve**

nineteen Num. **diecinueve**

ninety Num. **noventa**

no one Pro. **nadie**

no problem Excl. **no hay problema**

no way Excl. **ni hablar!**
Excl. **qué va**
Excl. **y un huevo**

no way José Excl. **y un huevo**

No. Abb. **núm.**
Abb. **nº**

Nobel Prize Prop. **Premio Nobel**

nocturnal Adj. **nocturno**

noise N. (m) **ruido**

noisy Adj. **ruidoso**

nom nom nom Excl. **ñam ñam ñam**

non smoker N. (m) **no fumador**

non-gypsy N. (m) **payo**

non-transferable
Adj. **intransferible**

noon N. (m) **mediodía**
Abb. **m.**

normally
Adv. **normalmente**

North N. (m) **norte**

North Pole Prop. **Polo Norte**

north wind N. (m) **cierzo**

nose N. (f) **nariz**

nose job N. (f) **rinoplastia**

nostalgia N. (f) **nostalgia**

nosy Adj. **preguntón**

not know  V. **desconocer**

not look well  V phr. **tener mala cara**

not many  Adj. **poco**

not stop + verb  V phr. **no parar de ...**

not to be approved of  V phr. **estar mal visto**

not yet  Adv. **aún no**
Phr. **todavía no**

notable  Adj. **notable**

note  N. (f) **nota**

notebook  N. (m) **cuaderno**

notes  N. (m) **apuntes**
N. (f) **notas**

nothing  Pro. **nada**

notice  V ref. **darse cuenta**
N. (m) **letrero**

notion  N. (f) **noción**

noun  N. (m) **sustantivo**

novel  N. (f) **novela**

November  N. (m) **noviembre**

novice  Adj. **inexperto**

now  Adv. **ahora**
Excl. **ea**

nuclear physics  N. (f) **física nuclear**

Nuevo León  Abb. **NL**

nuisance  N. (m) **rollo**

number  N. (m) **número**
Abb. **núm.**
Abb. **nº**

number unknown  Abb. **s/n**

numbered  Adj. **numerado**

numbering  N. (f) **enumeración**

nunnery  N. (m) **convento**

nut (like with screws)  N. (f) **tuerca**

# O - o

Oaxaca  Abb. **OA**

obese  Adj. **obeso**

object  N. (m) **objeto**

objective  N. (m) **objetivo**

obligation  N. (f) **obligación**

obligatory  Adj. **obligatorio**

oblige   V. **obligar**

observe   V. **observar**

obstacle   N. (f) **obstrucción**

obtain   V. **conseguir**   V. **obtener**

obverse   N. (m) **anverso**

occupy   V. **ocupar**

occurrence   N. (m) **suceso**

Oceania   Prop. **Oceanía**

October   N. (m) **octubre**

odd   Adj. **curioso**

odd (number)   Adj. **impar**

of course   Phr. **desde luego**

of course not   Excl. **qué va**

of Franco   Adj. **franquista**

offence   N. (m) **delito**

offer   N. (f) **oferta**   V. **ofrecer**

office   N. (m) **despacho**   N. (f) **oficina**

official   Adj. **oficial**

often   Adv. **a menudo**   Adj. **frecuente**   Adv. **muchas veces**

oh   Excl. **oh**   Excl. **sí hombre**

oh my god   Excl. **dios mío**   Excl. **órale**

oh my god!   Excl. **vaya por Dios!**

oh my gosh   Excl. **ay, caramba**

oh no   Excl. **ca**

oil   N. (m) **aceite**

ok   Excl. **órale**   Excl. **sale**

okay   Excl. **vale**

old   Adj. **antiguo**   Adj. **viejo**

old age   N. (f) **tercera edad**

old man   N. (m) **anciano**

older people   N. (m) **mayores**

olive   N. (f) **aceituna**   N. (f) **oliva**

omen   N. (m) **augurio**   N. (m) **presagio**

on an empty stomach   Phr. **en ayunas**

on foot   Adj. **andando**

on my own   Phr. **por mi cuenta**

on one hand   Phr. **por un lado**

on the contrary   Adv. **al revés**

on the dot   Adv. **en punto**

once upon a time   Phr. **érase una vez**

one way   N. (f) **ida**

one-armed  Adj. **manco**

one-eyed  Adj. **tuerto**

oneiric  Adj. **onírica**

one-of-a-kind
　　　　Adj. **insólito**

onion  N. (f) **cebolla**

onlooker  N. (m) **mirón**

only  Adv. **sólo**
　　　　Adv. **unicamente**

oops  Excl. **ups**

open  Adj. **abierto**
　　　V. **abrir**

open air  Adj. **al aire libre**

open air party with a
　　　band  N. (f) **verbena**

open wide  V phr. **abrir de
　　　par en par**

opening  N. (f) **apertura**

opera  N. (f) **ópera**

operate  V. **operar**

operated by remote
　　　control
　　　Adj. **teledirigido**

operation  N.
　　　(m) **funcionamiento**
　　　N. (f) **intervención**
　　　N. (f) **operación**

opinion  N. (f) **opinión**

opponent  N. (m) **contrario**

opportunity  N. (f) **ocasión**
　　　N. (f) **oportunidad**

opposite  Prp. **enfrente**
　　　Adj. **opuesto**

opposition  N. (f) **oposición**

optimist  N. (m/f) **optimista**

option  N. (f) **opción**

or annoyance.
　　　Euphemism for
　　　leche  Excl. **lechuga**

orange  N. (f) **naranja**

order  N. (m) **orden**

organize  V. **ordenar**
　　　V. **organizar**

orientation  N.
　　　(f) **orientación**

origin  N. (m) **origen**

original  Adj. **original**

outbreak  N. (m) **brote**

outlet  N. (m) **punto de
　　　venta**

outline  N. (m) **contorno**

outside  Adj. **al aire libre**
　　　Prp. **fuera de**

outsider  N. (m) **forastero**

oven  N. (m) **horno**

over  Prp. **encima**
　　　V. **entregar**

overcrowded
　　　Adj. **masificado**

oversubscribed
　　　Adj. **masificado**

overwhelm
     V. **deslumbrar**

own   Adj. **propio**

owner   N. (m) **dueño**
     N. (m) **poseedor**

# P - p

p.   Abb. **p.**

p.m.   Abb. **p. m.**

pack of cards   N.
     (m) **naipes**

package   N. (m) **bulto**

packaging   N. (m) **envase**

packet   N. (m) **paquete**

page   N. (m) **paje**

pain   N. (m) **dolor**
     N. (m) **fastidio**
     N. (m) **rollo**

painkiller   N. (m) **calmante**

paint   V. **dibujar**
     V. **pintar**

painter   N. (m) **pintor**

painting   N. (f) **pintura**

pajamas   N. (m) **pijama**

palace   N. (m) **palacio**

palate   N. (m) **paladar**

pale   Adj. **pálido**

panel   N. (m) **tablero**

panoramic view   N.
     (f) **vista panorámica**

paper   N. (m) **papel**

paprika sausage   N.
     (m) **chorizo**

parade   N. (m) **desfile**

paradigm   N.
     (m) **paradigma**

paradise   N. (m) **paraiso**

paradisiacal
     Adj. **paradisíaco**

paragliding   N.
     (m) **parapente**

paraphrase   N.
     (f) **perífrasis**

pardon me   Excl. **perdón**
     Excl. **permiso**

parents-in-law   N.
     (m) **suegros**

parish   N. (m) **párroco**

park   V. **aparcar**
     N. (m) **parque**

parking lot   N.
     (m) **aparcamiento**

parliament   N.
     (m) **parlamento**

part   N. (f) **parte**

participant N. (m) **participio**

participate in V. **participar**

partly Adv. **parcialmente**

partridge N. (f) **perdiz**

party N. (f) **fiesta**
N. (f) **fiesta familiar**

party-pooper N. (m) **aguafiestas**

pass V. **transcurrir**

passage N. (m) **pasaje**

passenger N. (m) **pasajero**

passion N. (f) **pasión**

passionate Adj. **apasionado**

passport N. (m) **pasaporte**

password N. (f) **clave**

past N. (m) **pasado**

pastry N. (m) **pastel**

path N. (m) **camino**

patience N. (f) **paciencia**

patient N. (m/f) **paciente**

patio N. (m) **patio**

patisserie N. (f) **pastelería**

pattern N. (f) **maqueta**

pavement N. (f) **acera**

pay V. **pagar**

pay attention Excl. **aguas**
V ref. **fijarse**

pay in stages V phr. **pagar a plazos**

payment N. (m) **pago**

pea N. (m) **guisante**

peace N. (f) **paz**

pear N. (f) **pera**

peasant N. (m) **campesino**

pectoral muscles (pecs) N. (m) **pectorales**

pedestrian N. (m) **peatón**

pedestrian zone N. (f) **zona peatonal**

peel V. **pelar**

pen N. (m) **bolígrafo**

pencil N. (m) **lápiz**

pendant N. (m) **colgante**

Peninsula Prop. **Península**

penniless Phr. **sin blanca**

pension N. (f) **pensión**

pensive Adj. **pensativo**

people N. (f) **gente**

pepper N. (m) **pimiento**

perception N. (f) **percepción**

perfect Adj. **perfecto**

perfectionist Adj. **puntilloso**

perfectly Adv. **perfectamente**

performance N. (m) **rendimiento**

perfume   N. (f) **colonia**
          N. (m) **perfume**
perhaps   Adv. **a lo mejor**
period   N. (f) **etapa**
periphery   N. (f) **periferia**
permit   N. (m) **permiso**
          V. **permitir**
perplexity   N.
          (f) **perplejidad**
persecution   N.
          (f) **persecución**
person   N. (f) **persona**
personal   Adj. **personal**
persuade   V. **persuadir**
Peru   Prop. **Perú**
pet   N. (f) **mascota**
petrol   N. (f) **gasolina**
petrol station   N.
          (f) **gasolinera**
phallic   Adj. **fálico**
pharaoh   N. (m) **faraón**
pharmacist   N.
          (m) **farmacéutico**
pharmacy   N. (f) **farmacia**
PHD (in)   N. (m) **doctorado**
          **(en)**
phenomenon   N.
          (m) **fenómeno**
phew   Excl. **menos mal**
philosopher   N.
          (m) **filósofo**

phone call   N. (f) **llamada**
phonebooth   N. (f) **cabina**
photo   N. (f) **foto**
photocopier   N.
          (f) **fotocopiadora**
photograph   N.
          (f) **fotografía**
phrase   N. (f) **oración**
physical   Adj. **físico**
physical trait   N.
          (m) **aspecto físico**
physically
          Adv. **físicamente**
piano   N. (m) **piano**
pick up   V. **levantar**
          V. **recoger**
picturesque
          Adj. **pintoresco**
piece   N. (f) **ficha**
          N. (m) **pedazo**
          N. (m) **trozo**
piece of junk   N. (m) **trasto**
pig   N. (m) **cerdo**
pill   N. (f) **pastilla**
pillager   N. (m) **saqueador**
pillow   N. (f) **almohada**
pilot   N. (m) **piloto**
pimple   N. (m) **grano**
pirate   N. (m) **pirata**
pistol   N. (f) **pistola**

pitch (baseball)  N.
   (m) **lanzamiento**

pity  N. (f) **pena**

pizza  N. (f) **pizza**

place  v. **colocar**
   N. (m) **lugar**
   N. (m) **sitio**
   v. **situar**
   v. **ubicar**

plaintain  N. (m) **plátano**

plan  N. (m) **plan**

planned  Adj. **provisto**

plant  N. (f) **planta**

plaster  N. (f) **tirita**

plastic  N. (m) **plástico**

plate  N. (m) **plato**

platform  N. (m) **andén**
   N. (f) **tarima**

play  v. **jugar**
   v. **juguetear**
   N. (f) **obra de teatro**

play (a character)
   v. **interpretar**

play (a role)
   v. **desempeñar**

please  v. **complacer**
   v. **gustar**
   Excl. **por favor**

pleasure  N. (m) **gozo**
   N. (m) **gusto**
   N. (m) **placer**

Pleistocene era (Pre-Historic)  N.
   (m) **pleistoceno**

plug  N. (m) **enchufe**
   N. (m) **tapón**

plumbing  N. (f) **fontanería**

plural  N. (m) **plural**

plus  Prp. **más**

pocket  N. (m) **bolsillo**

poet  N. (m) **poeta**

poetry  N. (f) **poesía**

point out  v. **señalar**

poison  N. (m) **veneno**

polemic  N. (f) **polémica**

police  N. (f) **policía**

police record  N.
   (m) **antecedente**

police report  N.
   (f) **denuncia**

police station  N.
   (f) **comisaría**

polite  Adj. **atento**

politician  N. (m) **político**

Politics  Prop. **Ciencias Políticas**

pollster/interviewer  N.
   (m) **encuestador**

polluting
   Adj. **contaminante**

pond  N. (m) **estanque**

ponytail  N. (f) **coleta**

poodle   N. (m) **caniche**

pool   N. (m) **billar**
    N. (m) **pozo**

poor   Adj. **pobre**

pop   Excl. **pum**

pop-music   N. (f) **música pop**

popular   Adj. **popular**

popular government   N. (m) **gobierno popular**

popularity   N. (f) **popularidad**

population   N. (f) **población**

pork   N. (m) **cerdo**

portable   N. (m) **portátil**

portal   N. (m) **portal**

portfolio   N. (f) **carpeta**

portion   N. (f) **ración**

portrait   N. (m) **retrato**

Portugal   Prop. **Portugal**

Portuguese   Adj. **portugúes**

position   N. (m) **cargo**

positive   Adj. **positivo**

possessed   Adj. **endemoniado**

possession   N. (f) **posesión**

possessive (quality)   Adj. **posesivo**

possibility   N. (f) **posibilidad**

post   N. (m) **puesto de trabajo**

post office   N. (m) **correo**

postal code   N. (m) **código postal**

post-box   N. (m) **buzón**

postcard   N. (f) **postal**

poster   N. (m) **cartel**

postman   N. (m) **cartero**

posture   N. (f) **postura**

post-war   N. (f) **posguerra**

potato   N. (f) **patata**

practical   Adj. **práctico**

practice   N. (f) **consulta**
    V. **ejercer**
    V. **practicar**

prawn   N. (f) **gamba**

pray   V. **rezar**

precarious   Adj. **precario**

precaution   N. (f) **precaución**

precede   V. **preceder**

precept   N. (m) **precepto**

precisely   Adv. **precisamente**

predecessors   N. (m) **antepasados**

predict  V. **predecir**

prediction  N.
(f) **predicción**

prefer  V. **preferir**

preference  N.
(f) **preferencia**

prefix  N. (m) **prefijo**

pregnancy  N.
(m) **embarazo**

prejudice  N. (m) **prejuicio**

premonitory
Adj. **premonitorio**

preparation  N.
(m) **preparativo**

preparations  N.
(m) **preparativos**

prepare  V. **preparar**

preposition  N.
(f) **preposición**

presence  N. (f) **presencia**

present  V. **presentar**
N. (m) **regalo**

present tense  N.
(m) **presente**

presentation  N.
(f) **conferencia**

preservation  N.
(f) **conservación**

preserve  V. **conservar**

president  N.
(m/f) **presidente**

press  N. (f) **prensa**

pressure  N. (f) **tensión**

prestige  N. (m) **prestigio**

pretend  V. **pretender**

pretty  Adj. **bonito**

previous  Adj. **anterior**

price  N. (m) **precio**

prick  V. **pinchar**

pride  N. (m) **orgullo**

priest  N. (m) **cura**

prince  N. (m) **príncipe**

print  V. **imprimir**

printeers  N. (f) **imprenta**

printer  N. (f) **impresora**

printing house  N.
(f) **imprenta**

printing press  N.
(f) **imprenta**

prison  N. (f) **prisión**

prisoner  N. (m) **preso**

private  Adj. **privado**

prize  N. (m) **premio**

prize-giving  Phr. **entrega
de premios**

pro forma invoice  N.
(m) **presupuesto**

probability  N.
(f) **probabilidad**

problem  N. (m) **problema**

process  N. (m) **proceso**
V. **tramitar**

procession N. (f) cabalgata

proclaim V. proclamar

produce V. producir

product N. (m) producto

production N. (f) fabricación

profession N. (f) profesión

professional Adj. profesional

professor N. (m) profesor

program N. (f) programa

prohibit V. prohibir

prohibition N. (f) ley seca N. (f) prohibición

project V. proyectar N. (m) proyecto

projector N. (m) proyector

prolonged Adj. prolongado

promise N. (f) promesa V. prometer

promising Adj. prometedor

promotion N. (f) promoción

pronounce V. pronunciar

pronunciation N. (f) pronunciación

proof N. (f) prueba

proof of love N. (f) prueba de amor

property N. (f) propiedad

proportion N. (f) proporción

proposal N. (f) propuesta

protagonist N. (m/f) protagonista

protect V. proteger

protection N. (f) protección

proud Adj. orgulloso

provided Adj. provisto

province N. (f) provincia

provoke V. provocar

psychologist N. (m) psicólogo

Psychology N. (f) Psícología

public Adj. público

public relations N. (m/f) relaciones públicas

publication N. (f) publicación

publicity N. (f) publicidad

publish V. publicar

pudding N. (m) postre

Puebla Abb. PU

pulse (vegetable group) N. (m) legumbre

pumpkin

pumpkin   N. (f) **calabaza**
punch   N. (m) **golpe**
     N. (m) **puñetazo**
punctual   Adj. **puntual**
punctuate   V. **puntuar**
puncture   V. **pinchar**
punishment   N. (m) **castigo**
pupil   N. (m) **alumno**
puppet   N. (f) **muñeca**
purchase   N. (f) **compra**
pure   Adj. **castizo**
purgatory   N.
     (m) **purgatorio**
purity   N. (f) **pureza**
pursue   V. **perseguir**
push   N. (m) **empujón**
put   V. **echar**
     V. **poner**
put an end to   V phr. **poner
fin a**

quay or key (small island)

put away   V. **guardar**
put in   V. **meter**
put in groups   V. **agrupar**
put off   V. **aplazar**
put on weight
     V. **engrosar**
put one's make up on   V
     ref. **maquillarse**
put one's mind to   V
     phr. **ponerse a**
put to bed   V. **acostar**
put up with   V. **soportar**
pyramid   N. (f) **pirámide**
Pyrenees   Prop. **Pirineo**

# Q - q

quackery   N.
     (m) **intrusismo**
quadrangular
     Adj. **cuadrangular**
qualified   Adj. **cualificado**
     Adj. **titulado**
qualify   V. **calificar**

quality   N. (m) **atributo**
     N. (f) **calidad**
     N. (f) **cualidad**
quarter   N. (m) **barrio**
     N. (m) **cuarto**
quay or key (small
     island)   N. (m) **cayo**

queen   N. (f) **reina**
Querétaro   Abb. **QE**
question   N. (f) **cuestión**
          N. (f) **pregunta**
questionnaire   N.
          (m) **cuestionario**
queue   N. (f) **cola**
          N. (f) **fila**

quickly   Adv. **aprisa**
quiet   Adj. **callado**
          Adj. **quieto**
          Adj. **tranquilo**
Quintana Roo   Abb. **QR**
quite a bit   Adj. **bastante**

# R - r

radio   N. (f) **radio**
radio station   N.
          (f) **emisora**
          N. (f) **emisora de radio**
rafter   N. (f) **viga**
railway line   N. (f) **vía**
rain   V. **llover**
          N. (f) **lluvia**
raise   V. **levantar**
raise (a question)
          V. **plantear**
raise one's glass
          V. **brindar**
ranch   N. (m) **rancho**
range   N. (m) **ámbito**
rarely   Adv. **pocas veces**
rat   N. (f) **rata**
ratatouille   N. (m) **pisto**
rate   V. **calificar**
          N. (m) **índice**

rational   Adj. **racional**
raw   Adj. **crudo**
reach   N. (m) **alcance**
          V. **alcanzar**
react   V. **reaccionar**
reaction   N. (f) **reacción**
read   V. **leer**
reading   N. (f) **lectura**
reading group   N.
          (f) **tertulia**
readjust   V. **reajustar**
reality   N. (f) **realidad**
realize   V ref. **darse cuenta**
reason   N. (f) **causa**
          N. (m) **motivo**
          V. **razonar**
          N. (f) **razón**
reasonable
          Adj. **razonable**
reasoning   N.
          (m) **razonamiento**

receipt  N. (m) **ticket de compra**
receive  V. **recibir**
receiver  N. (m) **destinatario**
recent  Adj. **reciente**
recently
    Adv. **recientemente**
    Adv. **últimamente**
reception  N. (f) **acogida**
    N. (f) **recepción**
recipe  N. (f) **receta**
recommend
    V. **recomendar**
recommendation  N. (f) **recomendación**
reconstruct
    V. **reconstruir**
reconstruction  N. (f) **reconstrucción**
record  N. (m) **disco**
    V. **grabar**
    N. (m) **parte**
record holder  N. (m/f) **plusmarquista**
record player  N. (m) **gramófono**
recording  N. (f) **grabación**
recover  V ref. **componerse**
recreational  Adj. **lúdico**
rectify  V. **rectificar**
recycling  N. (m) **reciclaje**

red  Adj. **rojo**
re-direct  V. **reconducir**
re-do  V. **rehacer**
reduce  V. **reducir**
reduced  Adj. **reducido**
reed  N. (m) **junco**
reel  N. (m) **rollo**
refer to  V ref. **referirse**
referendum  N. (m) **referéndum**
reflect  V. **reflejar**
reflection  N. (f) **reflexión**
reflexive verb  N. (m) **verbo reflexivo**
reform  N. (f) **reforma**
refrain from  V ref. **abstenerse**
refrigerator  N. (m) **frigorífico**
refuge  N. (m) **refugio**
refusal  N. (f) **negación**
refuse  V. **negar**
regarding  Phr. **en cuanto a**
    Phr. **respecto a**
region  N. (f) **región**
register  V ref. **matricularse**
    V ref. **registrarse**
registry office  N. (m) **juzgado**

regret   V ref. **lamentarse**
    N. (m) **remordimiento**
    V. **sentir**
regret something   V
    ref. **arrepentirse**
regular   V. **regular**
reinforce   V. **reforzar**
reinstate   N.
    (f) **reinstauración**
reject   V. **denegar**
    V. **rechazar**
    V. **rehusar**
    V. **tachar**
rejection   N. (m) **rechazo**
relapsing   Adj. **reincidente**
relate   V. **relacionar**
relation   N. (f) **relación**
relationship   N.
    (m) **noviazgo**
    N. (m) **trato**
relative   N. (m/f) **pariente**
relative clause   N.
    (f) **oración de relativo**
relax   V. **descansar**
    V. **relajar**
    V ref. **relajarse**
    Excl. **tranquilo**
relaxation   N. (f) **relajación**
relaxed   Adj. **relajado**
relaxing   Adj. **relajante**
relentless   Adj. **implacable**

relevant   Adj. **relevante**
relieve   V. **aliviar**
religion   N. (f) **religión**
religious   Adj. **religioso**
religious offence   N.
    (f) **ofrenda sagrada**
relinquish   V. **renunciar**
relocate   V. **trasladar**
remain quiet   V phr. **estar callado**
remedy   N. (m) **cura**
    N. (m) **remedio**
remember   V
    ref. **acordarse**
    V. **recordar**
remote control   N.
    (m) **mando a distancia**
remove one's clothes   V
    ref. **desnudarse**
removed (a tumor, etc.)
    Adj. **extirpado**
renewable   Adj. **renovable**
renovate   V. **renovar**
rent   V. **alquilar**
repair   V. **arreglar**
repeat   V. **repetir**
repeatedly
    Adv. **repetidamente**
repetition   N. (f) **repetición**
report   N. (m) **parte**

reporter   N. (m) **reportero**

represent   V. **representar**

representative   N.
    (m) **diputado**
    N. (m/f) **representante**
    N. (m) **representativo**

reproduction   N.
    (f) **reproducción**

republic   N. (f) **república**

repulsive   Adj. **repulsivo**

request   N. (f) **petición**

rescue   V. **rescatar**

reservation   N. (f) **reserva**

reserve   V. **reservar**

reservoir   N. (m) **embalse**
    N. (m) **estanque**

residence   N.
    (f) **residencia**

residual   Adj. **residual**

resignation   N. (f) **dimisión**
    N. (f) **resignación**

resist   V. **resistir**

resolve   V. **resolver**

resource   N. (m) **recurso**

respect   V. **respetar**
    N. (m) **respeto**

respective   Adj. **respectivo**

responsibility   N. (m) **cargo**

rest   N. (m) **resto**

restaurant   N.
    (m) **restaurante**

restore   V. **restaurar**

restricted   Adj. **restringido**

result   N. (m) **resultado**

resume   V. **resumir**

retire   V ref. **jubilarse**
    V ref. **retirarse**

retired   Adj. **jubilado**

retirement   N. (f) **jubilación**

re-train   V ref. **reciclarse
    (trabajo)**

return   V. **devolver**
    N. (m) **regreso**
    N. (m) **retorno**

return trip   Phr. **ida y
    vuelta**

returnable   Adj. **retornable**

reusable   Adj. **retornable**

revalue   V. **revalorizar**

reveal   V. **comunicar**

revelation   N.
    (f) **revelación**

revelry   N. (f) **juerga**

reverence   N.
    (f) **reverencia**

reverse   N. (m) **reverso**

revision   N. (f) **revisión**

revolting   Adj. **asqueroso**

revolutionary
    Adj. **revolucionario**

revolve   V. **girar**

rhythm   N. (m) **ritmo**

ribbon   N. (m) **lazo**

rice   N. (m) **arroz**

rich   Adj. **rico**

riddle   N. (f) **adivinanza**

ridge   N. (f) **sierra**

ridiculous   Adj. **ridículo**

right   Adj. **derecha**
　　　 N. (m) **derecho**
　　　 Excl. **hala**
　　　 Adj. **justo**

right to vote   N.
　　　 (m) **derecho a voto**

ring   N. (m) **anillo**

rise   V. **ascender**
　　　 N. (m) **aumento**

risk   N. (m) **riesgo**

rite   N. (m) **rito**

ritual   N. (m) **ritual**

rival   N. (m) **contrario**

river   N. (m) **río**

road   N. (m) **camino**
　　　 N. (f) **carretera**

roasted   Adj. **asado**

rob   V. **asaltar**
　　　 V. **robar**

robbery   N. (m) **robo**

robe   N. (f) **túnica**

rock   N. (f) **peña**

rococo   N. (m) **rococó**

roger that   Excl. **conforme**

roll   N. (m) **rollo**

roll (bread)   N. (m) **bollo**

roll over   V. **arrollar**

Roman   Adj. **romano**

romantic   Adj. **romántico**

room   N. (f) **habitación**
　　　 N. (f) **sala**

roomy   Adj. **amplio**

rooster   N. (m) **gallo**

root   N. (f) **raíz**

rose   N. (f) **rosa**

rotation   N. (f) **rotación**

rough   Adj. **brusco**

round off the night   V
　　　 phr. **rematar la noche**

round trip   Phr. **ida y
　　　 vuelta**

route   N. (m) **camino**
　　　 N. (m) **recorrido**
　　　 N. (f) **ruta**
　　　 N. (m) **trayecto**

row   N. (f) **fila**

royal family   N. (f) **familia
　　　 real**

rub   V. **frotar**

rubber   N. (m) **borrador**

rubber band   N. (f) **goma**

rubbish   N. (f) **basura**

rubbish bin   N.
　　　 (m) **contenedor**

rude   Adj. **brusco**
     Adj. **descortés**
     Adj. **maleducado**

ruin   N. (m) **estrago**
     N. (f) **perdición**

rule   N. (f) **norma**
     N. (f) **regla**

rum   N. (m) **ron**

Rumanian   N. (m) **rumano**

run   V. **correr**

run an idea by
     someone   V. **idear**

run away from   V. **huir**

run over   V. **arrollar**

Russian   Adj. **ruso**

# S - s

sacred   Adj. **sagrado**

sad   Adj. **triste**

sadness   N. (f) **tristeza**

safari   N. (m) **safari**

sail   V. **navegar**

sailing club   N. (m) **club náutico**

salad   N. (f) **ensalada**

salary   N. (m) **salario**

sales   N. (f) **rebajas**
     N. (f) **ventas**

salmon   N. (m) **salmón**

salt   N. (f) **sal**

same   Adj. **mismo**

same as   Adj. **igual**

San Luis Potosí   Abb. **SL**

sandals   N. (f) **sandalias**

sandwich   N. (m) **bocadillo**

sangria   N. (f) **sangría**

Santiago de Chile
     Abb. **Stgo.**

sappy   Adj. **cursi**

sardine   N. (f) **sardina**

satchel   N. (f) **cartera**

satisfaction   N. (f) **satisfacción**

satisfactory   Adj. **satisfactorio**

satisfy   V. **satisfacer**

Saturday   N. (m) **sábado**

sauna   N. (f) **sauna**

save   V. **ahorrar**
     V. **guardar**
     V. **salvar**

saving   N. (m) **ahorro**

saw   V. **serrar**
     N. (f) **sierra**

say   V. **decir**

say good-bye  V
  ref. **despedirse**

saying  N. (m) **refrán**

scandal  N. (f) **polémica**

scarcely  Adv. **apenas**

scarf  N. (f) **bufanda**

scat  Excl. **za**

scene  N. (f) **escena**

sceptic  Adj. **escéptico**

sceptisism  N.
  (m) **escepticismo**

schedule  N. (m) **horario**

scheme  N. (m) **cuadro**
  N. (m) **esquema**

school  N. (m) **centro
  educativo**
  N. (m) **colegio**
  Adj. **escolar**
  N. (f) **escuela**

science fiction  N.
  (f) **ciencia ficción**

scientific  N. (m) **científico**

scissors  N. (f) **tijeras**

scold  V. **regañar**

scooter  N. (m) **patinete**

scope  N. (m) **ámbito**

scream  V. **gritar**
  N. (m) **grito**

screen  N. (f) **pantalla**

screwdriver  N. (m) **tornillo**

scribble on
  V. **emborronar**

scuba-diving  N.
  (m) **submarinismo**

sea  N. (m/f) **mar**

seafood  N. (m) **marisco**

search  V. **buscar**

season  N. (f) **estación**
  N. (f) **temporada**

season ticket  N.
  (m) **abono**

seat  N. (m) **asiento**

seat (e.g. cinema)  N.
  (f) **butaca**

second  Adj. **segundo**

secretary  N. (f) **secretaria**

sect  N. (f) **secta**

section  N. (m) **apartado**

sector  N. (m) **sector**

secure  Adj. **seguro**

sedative  N. (m) **calmante**

seduce  V. **seducir**

see  V. **ver**

see you around
  Phr. **hasta la vista**

see you later  Excl. **hasta
  luego**
  Excl. **nos vemos**

see you soon  Excl. **hasta
  pronto**

seed  N. (f) **semilla**

seem  V. **parecer**

select  V. **seleccionar**

self-esteem  N.
(f) **autoestima**

self-evaluation  N.
(f) **autoevaluación**

selfish  Adj. **egoísta**

sell  V. **despachar**

semester  N. (m) **semestre**

semi-colon  N. (m) **punto y coma**

send  V. **enviar**
V. **mandar**

sender  N. (m) **remitente**

sending  N. (m) **envío**

sensation  N. (f) **sensación**

sense  N. (f) **acepción**
N. (m) **sentido**

sensible  Adj. **sensato**

sentence  N. (f) **frase**

sentimental
Adj. **sentimental**

separate  V. **separar**

separate (from someone)  V
ref. **separarse**

separately  Phr. **por separado**

separation  N.
(f) **separación**

September  N.
(m) **septiembre**

sequence  N. (f) **secuencia**

series  N. (f) **serie**

serious  Adj. **grave**
Adj. **serio**

seriousness  N.
(f) **seriedad**
N. (f) **solemnidad**

serve  V. **despachar**
V. **servir**

session  N. (f) **sesión**

set  N. (m) **conjunto**

set sail  V. **zarpar**

set the table  V phr. **poner la mesa**

set up  V. **montar**

set-back  N.
(m) **contratiempo**

seven  Num. **siete**

seventeen
Num. **diecisiete**

seventy  Num. **setenta**

several times  Phr. **varias veces**

sex  N. (m) **sexo**

shadow  N. (f) **sombra**

shake  V. **agitar**

shame  N. (m) **pudor**
N. (f) **vergüenza**

shampoo  N. (m) **champú**

share  V. **compartir**
       V. **repartir**

shave  V ref. **afeitarse**

shaving cream  N.
       (f) **espuma de afeitar**

shaving foam  N.
       (f) **espuma de afeitar**

sheet  N. (f) **hoja**
       N. (m) **papel**
       N. (f) **sábana**

shelf  N. (f) **estantería**

shepherd  N. (m) **pastor**

shh  Excl. **chito**

shift  N. (m) **turno**

shine  V. **brillar**

ship  N. (m) **buque**
     N. (m) **navío**

shirt  N. (f) **camisa**

shit  Excl. **leche**
     Excl. **porras**

shock  N. (m) **shock**
      N. (m) **susto**

shoe  N. (m) **zapato**

shoemaker  N.
       (m) **zapatero**

shoot  V. **disparar**
       Excl. **miércoles**

shoot (plant)  N. (m) **brote**

shooting  N.
       (m) **fusilamiento**

shooting (movie)  N.
       (m) **rodaje**

shop  N. (f) **tienda**

shop assistant  N.
       (m) **dependiente**

shop window  N.
       (m) **escaparate**

shopping-list  N. (f) **lista de la compra**

short  Adj. **breve**
       Adj. **corto**

shot  N. (f) **inyección**
      N. (m) **lanzamiento**

shotgun  N. (f) **escopeta**

should  V. **deber**

shoulder  N. (m) **hombro**

shout  N. (m) **grito**

shove  N. (m) **empujón**

show  V. **enseñar**
      N. (m) **espectáculo**
      V. **exponer**
      V. **indicar**
      V. **manifestar**

show off  V. **presumir**

shower  N. (f) **ducha**

shrimp  N. (f) **gamba**

shudder  N. (m) **temblor**

shut  V. **cerrar**

shut up  V ref. **callarse**
       Excl. **cállate**

shy  Adj. **tímido**

siblings  Abb. **hnos.**

sick  Adj. **enfermo**

sick with a cold
  Adj. **resfriado**
sickness   N.
  (f) **enfermedad**
side street   N. (f) **bocacalle**
siesta   V phr. **echarse la siesta**
  N. (f) **siesta**
sigh   N. (m) **suspiro**
sign   V. **firmar**
  N. (m) **letrero**
  N. (f) **señal**
  N. (m) **signo**
sign up for   V
  ref. **apuntarse**
signature   N. (f) **firma**
significant
  Adj. **significativo**
signify   V. **significar**
silence   Excl. **chito**
  N. (m) **silencio**
silent   Adj. **callado**
  Adj. **silencioso**
silk   N. (f) **seda**
silly   Adj. **bobo**
silver   N. (f) **plata**
simian   N. (m) **simio**
similar   N. (m) **parecido**
  Adj. **similar**
similarly   Adv. **igualmente**
simple   Adj. **sencillo**

simultaneously
  Adv. **simultáneo**
Sinaloa   Abb. **SI**
sincere   Adj. **sincero**
sincerely
  Adv. **atentamente**
sing   V. **cantar**
singer-songwriter   N.
  (m) **cantautor**
singing   N. (m) **canto**
single   N. (m) **soltero**
singular   Adj. **singular**
sinking   N.
  (m) **hundimiento**
Sir   N. (m) **caballero**
sister   N. (f) **hermana**
sit down   V ref. **sentarse**
situation   N. (f) **situación**
six   Num. **seis**
sixteen   Num. **dieciséis**
sixty   Num. **sesenta**
size   N. (f) **talla**
  N. (m) **tamaño**
sketch   V. **trazar**
ski   V. **esquiar**
skiing   N. (m) **esquí**
skill   N. (f) **cualidad**
skin   N. (f) **piel**
skin (face)   N. (m) **cutis**
skirt   N. (f) **falda**

sky   N. (m) **cielo**

skyscraper   N.
(m) **rascacielos**

slang   N. (f) **jerga**
N. (m) **lenguaje**

slave   N. (m) **esclavo**

slave-trader   N.
(m) **tratante de esclavos**

sleep   V. **dormir**
N. (m) **sueño**

sleeping bag   N. (m) **saco de dormir**

Sleeping Beauty
Prop. **Belladurmiente**

sleeping car   N. (m) **coche cama**

sleep-walker   N.
(m) **noctámbulo**
N. (m) **sonámbulo**

sleeve   N. (f) **manga**

slight   Adj. **leve**

slim   Adj. **delgado**

slogan   N. (m) **lema**

slope   N. (f) **pista**

slot   N. (f) **ranura**

Slovakian   Adj. **eslovaca**

slow   Adj. **lento**

slower   Phr. **más despacio**

slowly   Adv. **despacio**

small bar   N. (f) **tasca**

small village   N. (f) **aldea**

small/little   Adj. **pequeño**

smell   V. **oler**
N. (m) **olor**

smile   V. **sonreir**

smoke   V. **fumar**
N. (m) **humo**

smoker   N. (m) **fumador**

smooth   Adj. **liso**
Adj. **terso**

smudge   V. **emborronar**

snack   N. (m) **almuerzo**
N. (m) **pinchito**
N. (f) **tapa**

snail   N. (m) **caracol**

snake   N. (f) **serpiente**

sneeze   V. **estornudar**
N. (m) **estornudo**

snob   N. (m/f) **esnob**

snow   V. **nevar**
N. (f) **nieve**

Snow White
Prop. **Blancanieves**

so   Adv. **asimismo**
Phr. **así que**
Excl. **ea**
Adv. **entonces**
Phr. **por lo tanto**
Phr. **por tanto**
Conj. **pues**
Adv. **tan**

so many   Adv. **tantos**

| | |
|---|---|
| so much  Adv. **tanto** | solemnity  N. (f) **solemnidad** |
| so so  Excl. **ni fu ni fa** | solid  Adj. **macizo** |
| soak  V phr. **poner en remojo** | solitude  N. (f) **soledad** |
| soaked  Adj. **empapado** | solo  Adj. **solitario** |
| soap  N. (m) **jabón** | solution  N. (f) **solución** |
| soap opera  N. (f) **telenovela** | someone  Pro. **alguien** |
| sob  N. (m) **sollozo** | something  Pro. **algo** |
| soccer  N. (m) **fútbol** | sometimes  Adv. **algunas veces** |
| soccer player  N. (m/f) **futbolista** | Adv. **a veces** |
| sociable  Adj. **sociable** | son  N. (m) **hijo** |
| social circle  N. (m) **entorno social** | song  N. (f) **canción** |
| socialist  Adj. **socialista** | N. (m) **canto** |
| society  N. (f) **sociedad** | son-in-law  N. (m) **yerno** |
| socio-cultural  Adj. **sociocultural** | Sonora  Abb. **SO** |
| sock  N. (m) **calcetín** | soon  Adv. **pronto** |
| sofa  N. (m) **sofá** | soon after  Adv. **al poco tiempo** |
| soft  Adj. **blando** | sorcerer  N. (m) **hechicero** |
| Adj. **suave** | sorry  Excl. **lo siento** |
| soft drink  N. (m) **refresco** | Excl. **perdón** |
| solar energy  N. (f) **energía solar** | sort  N. (m) **género** |
| soldier  N. (m) **soldado** | sort out  V. **solucionar** |
| sole of the foot  N. (f) **planta del pie** | souk  N. (m) **zoco** |
| solemn  Adj. **solemne** | soul  N. (f) **alma** |
| | sound  V. **sonar** |
| | N. (m) **sonido** |
| | soup  N. (f) **sopa** |
| | South  N. (m) **sur** |

South Africa
Prop. **Sudáfrica**

South American
Adj. **sudamericano**

spa   N. (m) **balneario**

space   N. (f) **amplitud**
N. (m) **espacio**

space-bar (on a
keyboard)   N.
(m) **espaciador**

spacious   Adj. **amplio**

spade   N. (f) **espada**

Spain   Prop. **España**

Spaniard   N. (m) **español**

Spanish   N. (m) **español**

Spanish speaking   Adj. **de
habla hispana**

Spanish style   Adj. **a la
española**

Spanish teacher   N.
(f) **profesora de
español**

sparkling
Adj. **efervescente**

speak   V. **hablar**

speak on familiar terms
V. **tutear**

speaker   N. (m) **altavoz**
N. (m/f) **hablante**
N. (m) **interlocutor**

special   Adj. **especial**

specialist   N.
(m/f) **especialista**

specialization   N.
(f) **especialización**

species   N. (f) **especie**

specific   Adj. **determinado**

specify   V. **especificar**

speck   N. (f) **mota**

speech   N. (m) **discurso**

speed   N. (f) **rapidez**

spell   V. **deletrear**

spend   V. **gastar**

spendthrift
Adj. **derrochador**

spin   V. **girar**

spinach   N. (f) **espinaca**

spinning top   N. (f) **peonza**

spirit   N. (m) **espíritu**

spirituality   N.
(f) **espiritualidad**

splashed   Adj. **salpicado**

splinter   N. (f) **astilla**

spoil (someone)
V. **mimar**

spoiled   Adj. **caprichoso**

spokesman   N.
(m/f) **portavoz**

spokeswoman   N.
(m/f) **portavoz**

sponge   N. (f) **esponja**

spoonful   N. (f) **cucharada**

sport   N. (m) **deporte**

sportsman/sportswoman
        N. (m/f) **deportista**

sporty   Adj. **deportivo**

spot   N. (m) **anuncio de publicidad**
        N. (m) **grano**
        N. (f) **mota**

spree   N. (f) **parranda**

spring   N. (f) **fuente**
        N. (f) **primavera**

spy   V. **espiar**

square   N. (f) **plaza**

squash   N. (f) **calabaza**

squid   N. (m) **calamar**

St. (Saint   Abb. **S.**
        Abb. **S.**

stab   V. **apuñalar**
        V. **clavar**

stadium   N. (m) **estadio**

stage   N. (f) **etapa**

stage setting   N. (m) **decorado**

stain   N. (f) **mancha**
        V. **manchar**

stairs   N. (f) **escalera**

stamp   N. (m) **sello**

stand out   V ref. **diferenciarse**

stanza   N. (f) **estrofa**

star   N. (f) **estrella**

start   V. **arrancar**
        V. **comenzar**
        V. **iniciar**
        N. (m) **inicio**
        V phr. **ponerse a**

state   N. (m) **estado**

state of mind   N. (m) **ánimo**

state school   N. (f) **escuela pública**

state worker   N. (m) **funcionario**

station   N. (f) **estación**

stationers   N. (f) **papelería**

stay   V ref. **alojarse**
        N. (f) **estancia**
        V. **permanecer**
        V ref. **quedarse**

steam boat   N. (m) **barco de vapor**

stencil   N. (f) **plantilla**

step   N. (m) **estribo**
        N. (m) **paso**
        V. **pisar**

stereotype   N. (m) **estereotipo**
        N. (m) **tópico**

stew   N. (m) **cocido**

stick   N. (m) **bastón**
        N. (m) **palo**
        V. **pegar**

sticker   N. (f) **etiqueta**

still    Adv. **todavía**

stingy    Adj. **agarrado**

stirrup    N. (m) **estribo**

Stockholm
     Prop. **Estocolmo**

stomach    N. (m) **estómago**
     N. (f) **tripa**

stone    N. (f) **piedra**

stool    N. (m) **caballete**

stop    Excl. **alto**
     V. **cesar**
     Excl. **jo**
     N. (f) **parada**
     V. **parar**

stop talking    V ref. **callarse**

stopped    Adj. **quieto**

store    N. (m) **almacén**
     V. **guardar**

storm    N. (f) **tormenta**

story    N. (m) **cuento**
     N. (f) **historia**
     N. (m) **relato**

story-teller    N.
     (m) **cuentacuentos**

straight on    Phr. **todo recto**

strange    Adj. **curioso**
     Adj. **extraño**
     Adj. **peculiar**
     Adj. **raro**

strangeness    N.
     (f) **extrañeza**

strawberry    N. (f) **fresa**

street    N. (f) **calle**

strengthen    V. **fortalecer**

stress    N. (m) **agobio**

stressed    Adj. **estresado**
     Adj. **liado**

stressful    Adj. **estresante**

stretch    V. **estirar**

stretcher    N. (f) **camilla**

strict    Adj. **estricto**

strike    N. (f) **huelga**

striker    N. (m) **marcagoles**

striking    Adj. **impactante**

string    N. (f) **cuerda**

strong    Adj. **cachas**
     Adj. **fuerte**

structure    N. (f) **estructura**

stubborn    Adj. **terco**

student    N. (m/f) **estudiante**

studies    N. (f) **carrera**
     N. (m) **estudios**

studio    N. (m) **estudio**

study    V. **cursar**
     V. **estudiar**

stuffed    Adj. **relleno**

stuffed up
     Adj. **constipado**

stuffy    Adj. **constipado**

stupendous
     Adj. **estupendo**

stupid Adj. **bobo**
Adj. **imbécil**
Adj. **tonto**

stupid thing N. (f) **tontería**

stupor N. (m) **estupor**

style N. (m) **estilo**

subject N. (f) **asignatura**
N. (f) **materia**

suburb N. (m) **barrio**

success N. (m) **éxito**

successive Adj. **sucesivo**

successively
Adv. **sucesivamente**

such Adj. **tal**

sudden Adj. **inmediato**
Adj. **repentino**

suddenly Adv. **de repente**

suffer V ref. **resentirse**
V. **sufrir**

sugar N. (m) **azúcar**

sugar cane N. (m) **azúcar de caña**

sugared almond N.
(f) **peladilla**

suggest V. **plantear**
V. **sugerir**

suggestion N.
(f) **sugerencia**

suit V. **convenir**
N. (m) **traje**

suitcase N. (f) **maleta**

sum up Phr. **en definitiva**
Phr. **en resumen**

summary N. (m) **resumen**

summer N. (m) **verano**

sums N. (f) **cuentas**

sun N. (m) **sol**

sunbath N. (m) **baño de sol**

sunbathe V phr. **tomar el sol**

Sunday N. (m) **domingo**

sunglasses N. (f) **gafas de sol**

sunlight N. (f) **luz solar**

sunny Adj. **soleado**

superior Adj. **superior**

superiority N.
(f) **superioridad**

superlative N.
(m) **superlativo**

supermarket N.
(m) **supermercado**

super-natural
Adj. **sobrenatural**

superstition N.
(f) **superstición**

support N. (m) **apoyo**

supportive Adj. **solidario**

suppose V. **suponer**

supposition N.
(f) **suposición**

suppository  N.
(m) **supositorio**

sure  Phr. **por supuesto**

surf (the internet)
V. **navegar**

surgeon  N. (m) **cirujano**

surgery  N. (m) **consultorio**

surname  N. (m) **apellido**

surpass  V. **superar**

surprise  N. (f) **sorpresa**

surroundings  N.
(f) **afueras**
N. (m) **entorno**

survey  N. (f) **encuesta**

survival  N.
(f) **supervivencia**

swear  V. **jurar**

swearing in  N.
(f) **investidura**

sweat  V. **sudar**

sweater  N. (m) **jersey**

Sweden  N. (f) **Suecia**

Swedish  Adj. **sueco**

sweep  V. **barrer**

sweet  N. (m) **bombón**
N. (m) **caramelo**
N. (m) **dulce**
N. (f) **golosina**

swim  V. **nadar**

swimming  N. (f) **natación**

swimming-pool  N.
(f) **piscina**

switch  N. (m) **interruptor**

switch off  V. **apagar**

switch on  V. **encender**

Switzerland  Prop. **Suiza**

sworn jury  N. (m) **jurado**

symbol  N. (m) **símbolo**

sympathy  Excl. **pucha**

symptom  N. (m) **síntoma**

synchronicity  N.
(f) **simultaneidad**

synchronize
V. **sincronizar**

synonym  N. (m) **sinónimo**

syringe  N. (f) **jeringuilla**

syrup  N. (m) **jarabe**

system  N. (m) **sistema**

# T - t

Tabasco  Abb. **TB**

table  N. (f) **mesa**
N. (f) **tabla**

table bracket  N.
(m) **caballete**

tablet  N. (f) **pastilla**

tacky   Adj. **cursi**

tails (coin)   N. (f) **cruz (moneda)**

take   V. **coger**
     V. **llevar**
     V. **tomar**

take a look at   V phr. **echar un vistazo**

take a test   V
     ref. **examinarse**

take advantage of
     V. **aprovechar**

take an examination   V
     ref. **examinarse**

take away   V. **quitar**

take care   V phr. **tener cuidado**

take care of something
     V ref. **ocuparse**

take inconsideration   V
     phr. **tener en cuenta**

take note   Excl. **ojo**

take notes   V phr. **tomar notas**

take off one's shoes
     V. **descalzar**

take on   V. **asumir**

take out   V. **retirar**

take refuge   V
     ref. **acogerse**

take responsibility for   V
     ref. **encargarse**

take root   V ref. **arraigarse**

take the phone off the
     hook   V. **descolgar**

tale   N. (m) **relato**

talkative   Adj. **hablador**

Tamaulipas   Abb. **TA**

también   Abb. **tb**

tan oneself   V
     ref. **broncearse**

tango   N. (m) **tango**

tanned   Adj. **bronceado**

tapa   N. (m) **pinchito**

tape   N. (f) **cinta**
     V. **grabar**

tape-recorder   N.
     (m) **radiocasete**

tapestry   N. (m) **tapiz**

tarantula   N. (f) **tarántula**

tariff   N. (f) **tarifa**

task   N. (f) **tarea**

taste   V. **degustar**
     N. (m) **sabor**

tasty   Adj. **sabroso**

tavern   N. (f) **taberna**

tax   N. (m) **impuesto**

tax collector   N.
     (m) **recaudador de impuestos**

taxi   N. (m) **taxi**

taxi driver   N. (m/f) **taxista**

tea   N. (m) **té**

teach  V. **enseñar**
V. **impartir**

teacher  N. (m) **maestro**
N. (m) **profesor**

teaching  N. (f) **enseñanza**

team  N. (m) **equipo**

tear  N. (f) **lágrima**

teaspoons  Abb. **cs**

technique  N. (f) **técnica**

telephone  N. (m) **teléfono**

television  N. (f) **televisión**
N. (m) **televisor**

tell off  V. **regañar**

temperature  N.
(f) **temperatura**

temporary  Adj. **temporal**

ten  Num. **diez**

tender  Adj. **tierno**

tennis  N. (m) **tenis**

tension  N. (f) **tensión**

tent  N. (f) **carpa**
N. (f) **tienda de campaña**

terrace  N. (f) **terraza**

terrible  Adj. **infernal**
Adj. **terrible**

territory  N. (m) **territorio**

terror  N. (m) **terror**

terrorist attack  N.
(m) **atentado terrorista**

text  N. (f) **letras**
N. (m) **texto**

thank  V. **agradecer**

thank someone  V phr. **dar las gracias**

thank you  Excl. **gracias**
Excl. **gracias**

thank you very much
Excl. **muchas gracias**

thank you very very much
Excl. **muchísimas gracias**

thankfulness  N.
(f) **gratitud**

thanks  N.
(m) **agradecimiento**

that  Adj. **aquel**

that is why  Phr. **por esta razón**

that's it  Excl. **punto**

that's what I meant
Excl. **por eso**

the day after tomorrow
Phr. **pasado mañana**

the day before yesterday
Adv. **anteayer**

the majority (of)
Adv. **mayoritariamente**

the night before last
    Adv. **anteanoche**

the oldest  N. (m) **mayor**

the others  N. (m) **los demás**

the pick up  N. (f) **recogida**

the same  Phr. **lo mismo**

the same to you
    Excl. **igualmente**

the sun is shining  V phr. **hace sol**

theatre  N. (m) **teatro**

theatre curtain  N. (m) **telón**

theme  N. (m) **tema**

then  Adv. **entonces**

therapy  N. (f) **terapia**

there's a breeze  V phr. **hace aire**

therefore  Phr. **por lo tanto**
    Phr. **por tanto**

thermostat  N. (m) **termostato**

thesis  N. (f) **tesis**

thick  Adj. **grueso**

thicken  V. **engrosar**

thicket  N. (m) **matorral**

thief  N. (m) **ladrón**

thigh  N. (m) **muslo**

thin  Adj. **delgado**

thing  N. (f) **cosa**

think  V. **creer**
    V. **opinar**
    V. **pensar**

think hard  V phr. **hacer memoria**

think nothing of it  Excl. **de nada**

think over  V. **reflexionar**

third  Adj. **tercero**

thirst  N. (f) **sed**

thirteen  Num. **trece**

thirty  Num. **treinta**

thoughtful  Adj. **pensativo**

thousand  Adj. **mil**

thrashing  N. (f) **paliza**

threaten  V. **amenazar**

three  Num. **tres**

Three Kings  Prop. **Reyes Magos**

throat  N. (f) **garganta**

throne  N. (m) **trono**

through  Prp. **a través de**

throw  N. (m) **lanzamiento**
    V. **tirar**

throw away  V. **desechar**

throw oneself  V ref. **arrojarse**

thunder  N. (m) **trueno**

Thursday  N. (m) **jueves**

thus  Adv. **asimismo**

tick tock  Excl. **tictac**

ticket   N. (m) **billete**
         N. (f) **entrada**

ticket inspector   N.
         (m) **revisor**

ticket office   N. (f) **taquilla**

ticket window   N.
         (f) **ventanilla**

tie   N. (f) **corbata**

tight schedule   N.
         (f) **agenda apretada**

tighten   V. **apretar**

tight-fisted   Adj. **agarrado**
         Adj. **tacaño**

time   N. (f) **hora**
         N. (m) **tiempo**
         N. (f) **vez**

time table   N. (m) **horario**

timetable   N. (f) **franja**

tin   N. (m) **estaño**
         N. (f) **lata**

tiny   Adj. **diminuto**

tip   N. (f) **propina**

tired   Adj. **cansado**

tiring   Adj. **cansado**

tissue   N. (m) **tejido**

title   N. (m) **titular**

Tlaxcala   Abb. **TL**

to charge   V. **cargar**

toast   V. **brindar**
         N. (m) **pan tostado**
         N. (f) **tostada**

tobacco   N. (m) **tabaco**

tobacco-shop   N.
         (m) **estanco**

today   Adv. **en la
         actualidad**
         Adv. **hoy**

together   Adj. **juntos**

toilet   N. (m) **inodoro**
         N. (m) **servicios**

toilet paper   N. (m) **papel
         higiénico**

toiletry bag   N. (f) **bolsa de
         aseo**

token   N. (f) **ficha**

tolerant   Adj. **tolerante**

tomato   N. (m) **tomate**

tomorrow   N. (f) **mañana**

tone   N. (f) **tonalidad**
         N. (m) **tono**

tongue   N. (f) **lengua**

too   Adv. **también**

too much   Adj. **demasiado**

tooth brush   N. (m) **cepillo
         de dientes**

toothpick   N. (m) **palillo**

torch   N. (f) **linterna**

tortilla   N. (f) **tortilla**

tortoise   N. (f) **tortuga**

total write-off   N.
         (m) **siniestro total**

totally   Adv. **plenamente**

touch  V. **tocar**

touched  Adj. **emocionado**

tough luck  Excl. **mala suerte**

tourism  N. (m) **turismo**

towel  N. (f) **toalla**

tower  N. (f) **torre**

town hall  N.
(m) **ayuntamiento**

township  N. (f) **aldea**

toy  N. (m) **juguete**

track  N. (m) **camino**

tradition  N. (f) **tradición**

traditional  Adj. **tradicional**

traditionalism  N.
(m) **convencionalismo**

traffic  N. (m) **tráfico**

traffic jam  N. (m) **atasco**

traffic light  N.
(m) **semáforos**

tragedy  N. (f) **tragedia**

train  V. **entrenar**
N. (m) **tren**

train station  N.
(f) **estación de tren**

tranquilizer  N.
(m) **calmante**

tranquillity  N.
(f) **tranquilidad**

transcription  N.
(f) **transcripción**

transform  V. **transformar**

transit  V phr. **hacer transbordo**
N. (m) **tránsito**

transition  N. (f) **transición**

translate  V. **traducir**

translation  N.
(f) **traducción**

transmission  N.
(f) **transmisión**

transmit  V. **transmitir**

transparent
Adj. **transparente**

transplant  V. **trasplantar**

transport  N.
(m) **transporte**

trap  N. (f) **trampa**

trash can  N.
(m) **contenedor**

trashy television shows
N. (f) **telebasura**

traumatism  N.
(m) **traumatismo**

travel  V. **viajar**

travel agency  N.
(f) **agencia de viajes**

traveller  N. (m) **viajero**

treat  N. (m) **capricho**
V. **tratar**

| | |
|---|---|
| treatment  N. (m) **tratamiento** | Tuesday  N. (m) **martes** |
| tree  N. (m) **árbol** | tumor  N. (m) **tumor** |
| tremor  N. (m) **temblor** | tuna  N. (m) **atún** |
| trial  N. (f) **prueba** | tunic  N. (f) **túnica** |
| triangle  N. (m) **triángulo** | tuning  N. (f) **sintonía** |
| tribute  N. (m) **homenaje** | Turkey  N. (f) **Turquía** |
| trick  V. **engañar** | Turkish  Adj. **turco** |
| trimester  N. (m) **trimestre** | turn  V. **girar** |
| trip  V. **tropezar** | turn sour  V. |
| N. (m) **viaje** | ref. **avinagrarse** |
| triumph  V. **triunfar** | tutor  N. (m) **tutor** |
| N. (m) **triunfo** | TV addict  N. |
| trolley  N. (m) **carro** | (m) **teleadicto** |
| trophy  N. (m) **trofeo** | TV España  Abb. **TVE** |
| tropical  Adj. **tropical** | TV viewer  N. |
| trousers  N. (m) **pantalones** | (m) **telespectador** |
| trout  N. (f) **trucha** | tweezers  N. (f) **pinza** |
| truck  N. (m) **camión** | twelve  Num. **doce** |
| true  Adj. **cierto** | twenty  Num. **veinte** |
| trust  N. (f) **confianza** | twins  N. (m) **gemelos** |
| truth  N. (f) **verdad** | two  Adj. **dos** |
| try  V. **degustar** | Num. **dos** |
| V. **intentar** | type  N. (m) **género** |
| V. **probar** | V. **teclear** |
| try one's luck  V | type of government  N. |
| phr. **probar fortuna** | (f) **forma de gobierno** |
| try to remember  V | typical  Adj. **típico** |
| phr. **hacer memoria** | typical Mexican dish  N. |
| t-shirt  N. (f) **camiseta** | (m) **tacos** |
| tsp  Abb. **cs** | |

typical restaurant  N.
    (m) **mesón**

typical Spanish rice
        dish  N. (f) **paella**
tyrant  N. (m) **verdugo**

# U - u

UFO  Abb. **OVNI**
ugly  Adj. **feo**
uh  Excl. **este**
umbrella  N. (m) **paraguas**
UN  N. (f) **ONU**
unbearable  Adj. **infernal**
unbelievable
    Excl. **barbaridad**
    Adj. **inverosímil**
uncertainty  N.
    (f) **incertidumbre**
uncle  N. (m) **tío**
unclouded  Adj. **despejado**
unconscious
    Adj. **inconsciente**
undecided  Adj. **indeciso**
underground
    Adj. **subterráneo**
underlie  V. **subyacer**
underline  V. **subrayar**
underneath  Prp. **debajo**
undershirt  N. (f) **camiseta**

understand
    V. **comprender**
    V. **entender**
understanding  N.
    (f) **comprensión**
underwear  N.
    (m) **calzoncillos**
    N. (f) **ropa interior**
un-do  V. **deshacer**
unemployment  N.
    (m) **paro**
unfasten your seatbelt  V
    phr. **desabrocharse
    el cinturón**
unforgettable
    Adj. **inolvidable**
unfortunate
    Adj. **desgraciado**
unfriendly  Adj. **antipático**
ungrateful  Adj. **ingrato**
union  N. (m) **sindicato**
    N. (f) **unión**
unique  Adj. **único**
unit  N. (f) **unidad**

United Kingdom
Prop. **Reino Unido**

United States
Prop. **Estados Unidos**

university N.
(f) **universidad**

university student N.
(m) **universitario**

unknown
Adj. **desconocido**

unlikely Adj. **inverosímil**

unpleasant
Adj. **desagradable**
Adj. **ingrato**

unsafe Adj. **inseguro**

unskilled Adj. **inexperto**

unstressed Adj. **átono**

untidy Adj. **desordenado**

until Prp. **hasta**

until now Phr. **hasta ahora**

until very late Phr. **hasta las tantas**

unusual Adj. **insólito**

up Excl. **aúpa**

up(stairs) Adv. **arriba**

upright Adj. **erguido**

uprising N.
(m) **levantamiento**

upset Excl. **lechuga**

urgent Adj. **urgente**

Uruguay Prop. **Uruguay**

use V. **emplear**
V. **usar**
N. (m) **uso**
V. **utilizar**

Used in SMS for me
Abb. **m**

Used in SMS for que and qué Abb. **q**

used to express disappointment or disdain Excl. **uh**

useful Adj. **útil**

user N. (m) **usuario**

using gestures
Adj. **gestual**

usually V. **soler**

utensil N. (m) **utensilio**

# V - v

vacuum cleaner N.
(f) **aspiradora**

vain Adj. **engreído**

validity N. (f) **validez**

valley   N. (m) **valle**

value   V. **cifrar**
     N. (m) **valor**
     V. **valorar**

value-added tax   Abb. **IVA**

varicose veins   N. (f) **variz**

varied   Adj. **variado**

variety   N. (f) **variedad**

vary   V. **variar**

VAT   Abb. **IVA**
     N. (m) **I.V.A.**

Vatican   Prop. **Vaticano**

vegetable   N. (f) **verdura**

vegetable grower   N.
     (m) **hortelano**

vehicle   N. (m) **vehículo**

velvet   N. (m) **terciopelo**

Venezuela
     Prop. **Venezuela**

Venice   Prop. **Venecia**

venom   N. (m) **veneno**

Veracruz   Abb. **VC**

verb   N. (m) **verbo**

verge   N. (f) **cuneta**

verify   V. **constatar**
     V. **verificar**

versatile   Adj. **polivalente**

verse   N. (f) **estrofa**

version   N. (f) **versión**

very   Adv. **muy**

very ill   Adv. **de pena**

very long weekend   N.
     (m) **viaducto**

very much
     Adj. **muchísimo**

very untidy   Adj. **patas
arriba**

vessel   N. (m) **buque**

Veterinary Science
     Prop. **Veterinaria**

via    Prp. **a través de**

victim   N. (f) **victima**

victory   N. (f) **victoria**

video   N. (m) **video**

video camera   N.
     (f) **cámara de video**

villa    N. (m) **chalé**

village   N. (m) **pueblo**

villain   N. (m) **malvado**

vinegar   N. (m) **vinagre**

violence   N. (f) **violencia**

violent   Adj. **violento**

violet   Adj. **morado**

virginity   N. (f) **virginidad**

virile   Adj. **varonil**

virtual age   N. (f) **era
virtual**

visa    N. (m) **visado**

vision   N. (f) **visión**

visit   N. (f) **visita**
        V. **visitar**
vocabulary   N. (m) **léxico**
vocal   N. (m) **vocal**
voice   N. (f) **voz**
volcano   N. (m) **volcán**
volume   N. (m) **volumen**
vomit   N. (m) **vómito**

vote   V. **votar**
        N. (m) **voto**
voter   N. (m) **elector**
voting   N. (f) **votación**
voucher   N. (m) **abono**
        N. (m) **bono**
vowel   N. (m) **vocal**
voyeur   N. (m) **mirón**

# W - w

wafer   N. (m) **barquillo**
waist   N. (f) **cintura**
wait   V. **esperar**
waiter   N. (m) **camarero**
waiting room   N. (f) **sala de espera**
wake up   V. **despertar**
wake up (oneself)   V. ref. **despertarse**
walk   V. **andar**
        N. (m) **paseo**
walking   Adj. **andando**
        Adj. **andante**
        Adj. **a pie**
        N. (m) **senderismo**
wall   N. (m) **muro**
        N. (f) **pared**
wall socket   N. (m) **enchufe**

wallet   N. (f) **cartera**
want   V. **querer**
want do something   V. phr. **tener ganas**
war   N. (f) **guerra**
wardrobe   N. (m) **armario**
warehouse   N. (m) **almacén**
warlike   Adj. **bélico**
warm   Adj. **cálido**
warn   V. **advertir**
        V. **avisar**
warning   N. (f) **advertencia**
wash   V. **lavar**
wash up   V. **fregar**
wash-basin   N. (m) **lavabo**

washing machine  N.
(f) **lavadora**

washroom  N.
(m) **servicios**

waste of time  N.
(f) **pérdida de tiempo**

waste paper basket  N.
(f) **papelera**

wasteful  Adj. **derrochador**

watch  V. **mirar**
N. (m) **reloj**
V. **vigilar**

watch out  Excl. **ojo**
Excl. **ojo**

watch TV  V phr. **ver la tele**

water  N. (f) **agua**
V. **regar**

water park  N. (m) **parque acuático**

watermelon  N. (f) **sandía**

way  N. (m) **camino**
N. (m) **estilo**
N. (f) **manera**

way of life  N. (f) **forma de vida**

Way of St. James
Prop. **Camino de Santiago**

weak  Adj. **débil**

wealth  N. (f) **riqueza**

weapon  N. (f) **arma**

wear  V. **llevar**
V. **lucir**

wedding  N. (f) **boda**
N. (m) **casamiento**
N. (m) **enlace**

wedding list  N. (f) **lista de boda**

Wednesday  N.
(m) **miércoles**

week  N. (f) **semana**

weekend  N. (m) **fin de semana**

weekly  Adv. **semanal**

weigh  V. **pesar**

weight  N. (f) **pesa**
N. (m) **peso**

welcome (to a female)
Excl. **bienvenida**

welcome (to a male)
Excl. **bienvenido**

welcoming
Adj. **hospitalario**

well  Adv. **bien**
Phr. **desde luego**
Phr. **es que**

well done  Excl. **bravo**

well known  Adj. **conocido**

well...  Excl. **bueno...**

West  N. (m) **oeste**

western movie   N.
    (f) **pelicula del Oeste**

what a pity   Excl. **qué pena**

what a shame   Excl. **qué lástima**

what's up   Excl. **qué tal**
    Excl. **qué te pasa, calabaza**

wheel   N. (f) **rueda**

when   Conj. **cuando**

where something gets repaired   N.
    (m) **taller**

whereabouts   N.
    (m) **paradero**

whiney   N. (m/f) **quejica**

whip   V. **azotar**

whirlwind   N. (m) **remolino**

white   Adj. **blanco**

white coffee   N. (m) **café con leche**

whoa   Excl. **híjole**
    Excl. **jo**

whole   N. (m) **conjunto**
    Adj. **entero**

whooping cough   N. (f) **tos ferina**

wicked person   N.
    (m) **malvado**

wicked! (ie: great!)
    Excl. **de vicio**

wide   Adj. **ancho**

widow   N. (f) **viuda**

wife   N. (f) **esposa**
    N. (f) **mujer**

wig   N. (f) **peluca**

wild   Adj. **salvaje**

win earn   V. **ganar**

wind   N. (m) **viento**

window   N. (f) **ventana**

window blind   N.
    (f) **persiana**

wine   N. (m) **vino**

winner   N. (m) **ganador**

winter   N. (m) **invierno**

wintry   Adj. **invernal**

wish   V. **desear**
    N. (m) **deseo**

witch   N. (f) **bruja**

with   Prp. **con**

with advance notice   N.
    (f) **antelación**

without   Prp. **sin**

without stopping   Phr. **sin parar**

witness   V. **presenciar**
    N. (m) **testigo**

woah   Excl. **so**

wolf   N. (m) **lobo**

woman   N. (f) **mujer**

womanizer   N.
   (m) **mujeriego**

wood   N. (f) **madera**

woof   Excl. **guau**

word   N. (f) **palabra**

work   V. **faenar**
   V. **funcionar**
   N. (f) **obra**
   V. **trabajar**
   N. (m) **trabajo**

work (slang)   N. (m) **curro**

work as   V. **ejercer de**

work out   V phr. **hacer gimnasia**

worker   N. (m) **obrero**
   N. (m) **trabajador**

working world   N.
   (m) **mundo laboral**

workman   N. (m) **obrero**

workshop   N. (m) **taller**

world   N. (m) **mundo**

World Bank   Abb. **BM**

world map   N.
   (m) **mapamundi**

world war   Prop. **Guerra Mundial**

worldwide   Phr. **a escala mundial**

world-wide   Adj. **mundial**

worry   N. (f) **ansia**
   N. (f) **inquietud**
   N. (f) **perturbación**
   N. (f) **preocupación**

worrying   Adj. **angustioso**

worse   Adj. **peor**

worthy   Adj. **valioso**

wound   N. (f) **herida**

wow   Excl. **alá**
   Excl. **guau**
   Excl. **hala**
   Excl. **híjole**
   Excl. **órale**
   Excl. **qué pasada**

wrap up   V. **envolver**

wrinkle   N. (f) **arruga**

wrist   N. (f) **muñeca**

write   V. **escribir**
   V. **redactar**

write down   V. **anotar**

writer   N. (m) **escritor**

writing   N. (f) **ortografía**
   N. (f) **redacción**

# X - x

xenophobic
  Adj. **xenófobo**

# Y - y

yeah  Excl. **sé**
year  N. (m) **año**
yearning  N. (m) **anhelo**
yellow  Adj. **amarillo**
yes  Excl. **órale**
  Excl. **simón**
  Excl. **sí**
yesterday  Adv. **ayer**
yet  Adv. **aún**
yield  N. (m) **rendimiento**
yoga  N. (m) **yoga**
yoghurt  N. (m) **yogur**
you (pl.)  Abb. **Uds.**
  Abb. **Vds.**
you (singular  Abb. **Ud.**

you don't care  V phr. **no te importa**
you don't mind  V phr. **no te importa**
you see  Phr. **es que**
you're welcome  Excl. **de nada**
young  Adj. **joven**
young girl (slang)  N. (f) **chata**
younger  Adj. **menor**
youth  N. (f) **juventud**
youth hostel  N. (m) **albergue juvenil**
Yucatan  Abb. **YC**

# Z - z

Zacatecas  Abb. **ZA**
zero  N. (m) **cero**
  Num. **cero**

zone  N. (f) **zona**
zoo  N. (m) **zoológico**
zucchini  N. (m) **calabacín**

# Quick Reference

# ABBREVIATIONS USED
# & PARTS OF SPEECH

| Abbrev. | | Term | Definition |
|---------|---|------|------------|
| Adj. | = | adjective | A word that modifies nouns and pronouns, primarily by describing a particular quality of the word they are modifying. |
| Abb. | = | abbreviation | A shortened form of a word or phrase. |
| Adv. | = | adverb | A word that functions as a modifier of verbs or clauses, and in some languages as a modifier of adjectives. |
| Conj. | = | conjunction | A word used to connect clauses or sentences or to coordinate words in the same clause. |

| | | | |
|---|---|---|---|
| Excl. | = | exclamation | A word, phrase, or sound that expresses a strong emotion, such as a sudden cry or an indication of urgency, surprise or pain |
| (f) | = | feminine | One of two noun genders in Spanish. |
| (m) | = | masculine | One of two noun genders in Spanish. |
| N. | = | noun | A word that can function as the main or only element of subjects of verbs, or of objects of verbs or prepositions. |
| Num. | = | number | An arithmetical value, expressed by a word, symbol, or figure, representing a particular quantity and used in counting and making calculations and for showing order in a series or for identification. |

| Phr. | = | phrase | A small group of words standing together as a conceptual unit, typically forming a component of a clause. |

| Prp. | = | preposition | Words that are used before nouns or pronouns to form phrases functioning as modifiers of verbs, nouns, or adjectives, and that typically express a spatial or temporal relationship. |

| Pro. | = | pronoun | Any member of a small class of words that are used as replacements or substitutes for nouns and noun phrases, and that have very general reference. |

| Prop. | = | proper noun | A proper noun is the name of a particular person, place, organization, or thing. Proper nouns begin with a capital letter |

| V ref. | = | reflexive verb | A reflexive verb is a transitive verb whose subject and object always refer to the same person or thing. |
| V. | = | verb | Any member of a class of words that function as the main elements of predicates that typically express action, state, or a relation between two things. |
| V phr. | = | verb phrase | A verb phrase is a syntactic unit composed of at least one verb and its dependents—objects, complements and other modifiers—but usually not including the subject. |

# DAYS, MONTHS, SEASONS

| **Days of the Week** | **Días de la Semana** |
|---|---|
| Monday | lunes |
| Tuesday | martes |
| Wednesday | miércoles |
| Thursday | jueves |
| Friday | viernes |
| Saturday | sábado |
| Sunday | domingo |

| **Months of the Year** | **Meses del Año** |
|---|---|
| January | enero |
| February | febrero |
| March | marzo |
| April | abril |
| May | mayo |
| June | junio |
| July | julio |
| August | agosto |
| September | septiembre |
| October | octubre |
| November | noviembre |
| December | diciembre |

| **Seasons** | **Estaciones** |
|---|---|
| Spring | primavera |
| Summer | verano |
| Autumn | otoño |
| Winter | invierno |

# NUMBERS AND COLORS

| Number | Número |
|---|---|
| zero | cero |
| one | uno |
| two | dos |
| three | tres |
| four | cuatro |
| five | cinco |
| six | seis |
| seven | siete |
| eight | ocho |
| nine | nueve |
| ten | diez |
| eleven | once |
| twelve | doce |
| thirteen | trece |
| fourteen | catorce |
| fifteen | quince |
| sixteen | dieciséis |
| seventeen | diecisiete |
| eighteen | dieciocho |
| nineteen | diecinueve |
| twenty | veinte |
| twenty-one | veintiuno |
| twenty-two | veintidós |
| twenty-three | veintitrés |
| thirty | treinta |
| forty | cuarenta |

| | |
|---|---|
| fifty | cincuenta |
| sixty | sesenta |
| seventy | setenta |
| eighty | ochenta |
| ninety | noventa |
| one hundred | cien |
| two hundred | doscientos |
| three hundred | trescientos |
| five hundred | quinientos |
| thousand | mil |
| two thousand | dos mil |
| one million | un millón |
| one billion | mil millones |
| one trillion | un billón |

## Colors — Colores

| | |
|---|---|
| black | negro |
| white | blanco |
| gray | gris |
| red | rojo |
| blue | azul |
| yellow | amarillo |
| green | verde |
| orange | naranja |
| orange | anaranjado |
| purple | púrpura |
| purple | morado |
| purple | violeta |
| pink | rosa |

| brown | marrón |
|-------|--------|
| brown | café |
| brown | castaño |

# COMMON SIGNS

| Open | Abierto |
|------|---------|
| Closed | Cerrado |
| Entrance | Entrada |
| Exit; Way Out | Salida |
| Push | Empujar |
| Pull | Tirar |
| Pull | Jalar |
| Bathroom; Toilet | Servicios |
| Bathroom; Toilet | Aseos |
| Men | Hombres |
| Women | Mujeres |
| Gentlemen | Caballeros |
| Ladies | Damas |
| No Smoking | No fumar |
| Keep Out | Prohibido |

| **TRAFFIC SIGNS** | **SEÑALES DE TRAFICO** |
|-------------------|------------------------|
| STOP (on a street sign) | STOP / ALTO / PARE |
| NO PARKING | NO APARCAR / ESTACIONAR |
| PARKING | ESTACIONAMIENTO |

| | |
|---|---|
| NO ENTRANCE | PROHIBIDO EL PASO |
| GIVE WAY/ YIELD | CEDA EL PASO |
| SLOW | DESPACIO |
| DIVERSION/DETOUR | DESVÍO |
| ONE WAY | SENTIDO ÚNICO |
| DEAD END | SIN SALIDA |
| DANGER | PELIGRO |
| CAUTION/ATTENION | ¡PRECAUCIÓN! / ¡ATENCIÓN! |

# 101 COMMON PHRASES

| | | |
|---|---|---|
| 1. | Are you ready? | ¿Está listo/a? |
| 2. | Be careful! | ¡Tenga cuidado! |
| 3. | Bon voyage! | ¡Buen viaje! |
| 4. | Can I use the bathroom? | ¿Puedo usar el baño? |
| 5. | Can I use your phone? | ¿Puedo usar su teléfono? |
| 6. | Can you help me? | ¿Me puede ayudar? |
| 7. | Can you repeat that? | ¿Puede repetirlo? |
| 8. | Can you speak more slowly? | ¿Puede hablar más despacio? |
| 9. | Cheers! | ¡Salud! |
| 10. | Come on! | ¡Anda! |
| 11. | Come over here! | ¡Venga aquí! |
| 12. | Congratulations | Enhorabuena. (Spain) |

| | | |
|---|---|---|
| 13. | Congratulations | Felicidades. (Latin America) |
| 14. | Do you speak English/Spanish? | ¿Habla inglés/español? |
| 15. | Do you understand? | ¿Entiende? |
| 16. | Don't touch me! | ¡No me toque! |
| 17. | Don't worry. | No se preocupe. |
| 18. | Excuse me (when moving in a crowd) | Con permiso |
| 19. | Excuse me (after bumping into someone) | Perdón. |
| 20. | Good afternoon. | Buenas tardes. |
| 21. | Good luck! | ¡Buena suerte! |
| 22. | Good morning. | Buenos días. |
| 23. | Good night. | Buenas noches. |
| 24. | Goodbye. | Adiós. |
| 25. | Happy Birthday! | ¡Felíz cumpleaños! |
| 26. | Hello | Hola. |
| 27. | Hello (on the phone) | Dígame. |
| 28. | Help me! | ¡Ayúdeme! |
| 29. | Help! | ¡Socorro! |
| 30. | Here you are (when handing someone something) | Toma. |
| 31. | How are you? | ¿Cómo está? |
| 32. | How do you say...? | ¿Cómo se dice...? |

| | | |
|---|---|---|
| 33. | How much does it cost? | ¿Cuánto vale? |
| 34. | I agree | Estoy de acuerdo. |
| 35. | I am a teacher. | Soy profesor/a. |
| 36. | I am sorry | Lo siento. |
| 37. | I am (thirty) years old. | Tengo (treinta) años. |
| 38. | I don't know. | No lo sé. |
| 39. | I don't think so. | Creo que no. |
| 40. | I don't understand. | No entiendo. |
| 41. | I don't want any more. | No quiero más. |
| 42. | I forgot. | Se me olvidó. |
| 43. | I have no idea. | No tengo ni idea. |
| 44. | I hope not. | Espero que no |
| 45. | I hope so. | Espero que sí. |
| 46. | I lost my purse/handbag. | Perdí mi bolsa/bolso/cartera. |
| 47. | I lost my wallet. | Perdí mi cartera/billetera. |
| 48. | I love you. | Te amo; Te quiero. |
| 49. | I need a doctor. | Necesito un médico. |
| 50. | I need help. | Necesito ayuda. |
| 51. | I need to call the embassy. | Necesito llamar a la embajada |
| 52. | I think so. | Creo que sí. |
| 53. | I understand. | Entiendo. |

| | | |
|---|---|---|
| 54. | I want more. | Quiero más. |
| 55. | I'll call the police. | Llamaré a la policía. |
| 56. | I'm bored. | Estoy aburrido/a. |
| 57. | I'm cold. | Tengo frío. |
| 58. | I'm hungry. | Tengo hambre. |
| 59. | I'm in a hurry. | Tengo prisa. |
| 60. | I'm lost. | Estoy perdido/a |
| 61. | I'm only joking | Estoy bromeando. |
| 62. | I'm sick. | Estoy enfermo/a. |
| 63. | I'm sorry. | Lo siento. |
| 64. | I'm thirsty | Tengo sed. |
| 65. | I'm tired. | Estoy cansado/a |
| 66. | It could be. | Puede ser. |
| 67. | It's OK; Don't worry about it . | No pasa nada. |
| 68. | It's an emergency. | Es una emergencia. |
| 69. | It's not important. | No es importante. |
| 70. | It's okay. | Está bien. |
| 71. | I've been injured. | Estoy herido/a. |
| 72. | Just a little. | Solo un poquito. |
| 73. | Leave me alone. | Déjeme en paz. |
| 74. | Let's see | A ver. |
| 75. | Let's go. | Vámos |
| 76. | Listen. | Escuche |
| 77. | Look! | ¡Mira! |
| 78. | Me neither. | Yo tampoco. |
| 79. | Me too. | Yo también. |

| | | |
|---|---|---|
| 80. | My name is (Dave). | Me llamo (Dave). |
| 81. | No thank you. | No gracias. |
| 82. | No way. | Ni hablar. |
| 83. | Of course not. | Claro que no. |
| 84. | Of couse! | ¡Por supuesto! |
| 85. | Oh my god! | Vaya por Dios! |
| 86. | On the other hand... | Por otro lado... |
| 87. | One moment... | Un momento... |
| 88. | Please. | Por favor. |
| 89. | Pleased to meet you. | Encantado/a. |
| 90. | Police! | ¡Policía! |
| 91. | Really? | ¿De verdad? |
| 92. | See you later. | Hasta luego. |
| 93. | Shut up! | ¡Cállese! |
| 94. | Stop, thief! | ¡Alto, ladrón! |
| 95. | Thank you very much. | Muchísimas gracias. |
| 96. | Thanks. | Gracias. |
| 97. | That's great! | ¡Qué bien! |
| 98. | Wait! | ¡Espere! |
| 99. | What a pity | Qué pena. |
| 100. | What a shame | Qué lástima. |
| 101. | What's happening? | ¿Qué pasa? |

# ALSO AVAILABLE FROM MAYAGLOT

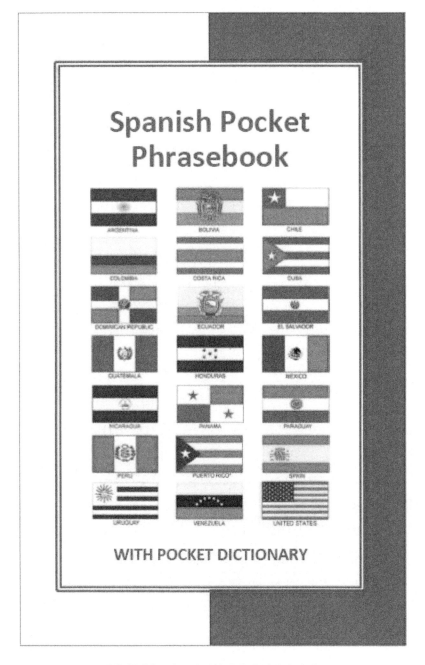

**ISBN:** 9781697213973

# ALSO AVAILABLE FROM MAYAGLOT

Spanish Pocket Dictionary

WITH QUICK REFERENCE LISTS

**ISBN-10:** 1695464443
**ISBN-13:** 978-1695464445

Printed in Great Britain
by Amazon

82649241R00149